Lohmann
Schüßler

Maria Lohmann ist Heilpraktikerin mit Praxis in München und Autorin zahlreicher Veröffentlichungen im Fach- und Ratgeberbereich.

Kathrin Ruf lebt und arbeitet als Journalistin und Buchautorin in Augsburg. Schwerpunkte ihrer Arbeit sind Ratgeber zu Lebenshilfe- und Gesundheits-Themen.

Maria Lohmann
Kathrin Ruf

Schüßler-Kombipräparate

- So finden Sie die ideale Salzkombination: 30 Präparate auf einen Blick

Haug

Einführung

Die dreißig Komplexmittel

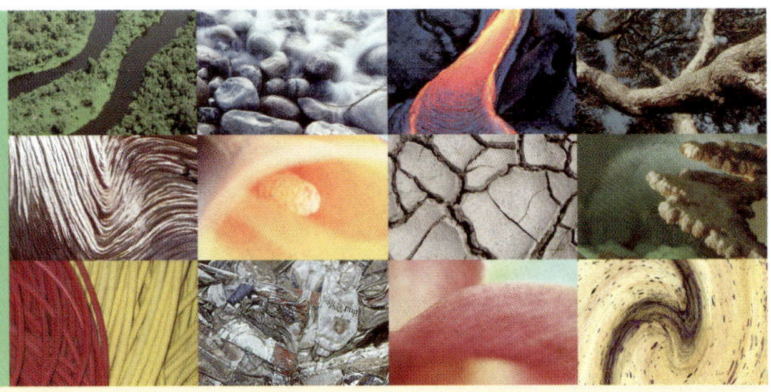

Beschwerden

Liebe Leserin, lieber Leser

Über 130 Jahre alt ist das Heilverfahren der Schüßler-Salze und aktueller denn je. Die heilende Kraft der Salze, unseren aus dem Gleichgewicht geratenen Mineralhaushalt wieder zu harmonisieren, hat sich bewährt und über die Jahrzehnte immer mehr Anhänger gefunden. Wurden früher die Salze nur einzeln verschrieben und eingenommen, ist es inzwischen gängige Praxis, die Salze zu kombinieren. Denn längst haben sich die Lebensbedingungen und Ernährungsgewohnheiten so verändert, dass dem Organismus nur selten ein einzelnes Mineralsalz fehlt, sondern eine Therapie ganzheitlicher ansetzen muss. Darum werden die so genannten Schüßler-Kombipräparate immer beliebter. Denn sie vereinen alle für ein Organsystem wichtigen Schüßler-Salze in einem Mittel und verbinden sich zu einem ganz eigenen, umfassenden Wirkkomplex. Um die breite Wirkkraft der insgesamt 30 Schüßler-Kombipräparate zu verstehen, ist es sinnvoll, zunächst die Vorstellung der einzelnen Kombimittel im ersten Teil dieses Buches zu studieren. Denn häufig geht die Wirkung weit über das hinaus, was der Name des Mittels zunächst vermuten lässt. So zum Beispiel beim Kombipräparat mit dem Namen »Fiebermittel«, das nicht nur bei Infekten mit Fieber und allen Arten von Entzündungen zum Einsatz kommt, sondern auch bei allen Reizzuständen des Körpers wie etwa bei einem Hexenschuss.

Im zweiten Teil dieses Buches finden Sie dann häufige Beschwerden und die jeweils dafür passenden Schüßler-Kombipräparate aufgelistet. So haben Sie eine schnelle, konkrete Anleitung zur Hand – bei akuten Problemen ebenso wie bei chronischen Beschwerden oder zur Vorbeugung – und die Anwendung der Schüßler-Kombipräparate wird für Sie noch verständlicher und einfacher – Ihrer Gesundheit zuliebe!

Maria Lohmann
Kathrin Ruf

Einführung in die Therapie mit kombinierten Schüßler-Salzen

Die Komplex-Biochemie mit der Verwendung von so genannten Schüßler-Kombipräparaten beruht auf der Idee, alle Stoffwechselvorgänge im Körper zu harmonisieren. Das klappt in einer sinnvollen Mischung, in der sich die enthaltenen Einzel-Schüßler-Salze ergänzen und unterstützen, umfassender als mit einem, nur zu bestimmten Symptomen passenden einzelnen Mineralsalz.

Einführung in die Therapie mit kombinierten Schüßler-Salzen

Chemie des Lebens – Geschichte der Schüßler-Kombipräparate

Das Heilverfahren der Schüßler-Salze geht auf den deutschen Arzt und Homöopathen Wilhelm Heinrich Schüßler zurück, der im 19. Jahrhundert lebte und wirkte (1821–1898) und zu Beginn seines Heilberufes stark von seinem Zeitgenossen Samuel Hahnemann und der von ihm begründeten Homöopathie beeinflusst wurde. Mit der Zeit gingen seine eigenen Forschungen immer mehr in die Richtung der Mineralsalze, mit denen er ab 1872

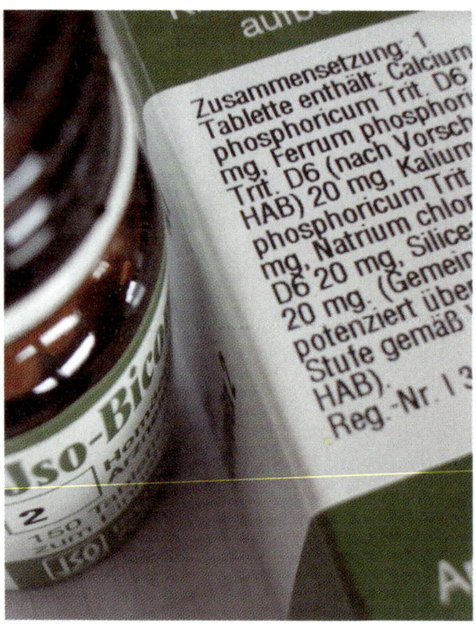

ausschließlich behandelte. Mineralsalze sind an allen Vorgängen im Körper beteiligt. Daher ging Schüßler davon aus, dass die Gesundheit des Menschen wesentlich davon abhängt, ob sie optimal ihre Aufgabe erfüllen. Krankheiten entstehen seiner Theorie nach immer dann, wenn im Körper ein Mangel an Regulationsfähigkeit der einzelnen Mineralsalze herrscht. Umgekehrt können Krankheiten geheilt werden, indem die entsprechenden Salze in kleinsten (homöopathisch potenzierten) Mengen zugeführt werden, um damit die Selbstregulation des Körpers anzustoßen. Es geht also nicht um eine Substitution des fehlenden Stoffes, sondern vielmehr um einen anstoßenden Reiz, die heilende Information in den Körper zu bringen. Durch den Einsatz der Schüßler-Salze werden die Selbstheilungskräfte des Körpers aktiviert, sie gehören daher zu den Reiz- und Regulationstherapien. Auf dieser Grundidee entwickelte Wilhelm Heinrich Schüßler seine Lehre der Mineralsalztherapie, der Biochemie – der Chemie des Lebens (vom griechischen Wort bios für Leben).

Die Komplex-Biochemie mit der Verwendung von so genannten Schüßler-Kombipräparaten entstand vor über 80 Jahren und wurde vom Arzt Konrad Grams begründet. Im Jahr 1922 erschien erstmals sein »Handbuch der Komplex-Biochemie«, in dem er schreibt: »Unter Komplex-Biochemie verstehen wir die Vereinigung mehrerer Mineralsalze zu einem Mittel, welches zu den erkrankten Geweben oder dem erkrankten Körperteil in Beziehung steht. Es deckt gewissermaßen alle Krankheitserscheinungen der betreffenden Krankheit.« Das Konzept der Komplex-Biochemie beruht also auf der Idee, alle Stoffwechselvorgänge im Körper zu harmonisieren, indem alle beteiligten Organe einer Körperregion oder -funktion berücksichtigt werden. Und das klappt in einer sinnvollen Mischung, in der sich die enthaltenen Einzel-Schüßler-Salze ergänzen und unterstützen, umfassender als mit einem, nur zu bestimmten Symptomen passenden einzelnen Mineralsalz. Es wird also der gesamte Organismus in die Behandlung mit einbezogen, um damit der Komplexität körperlicher Vorgänge gerecht zu werden.

Hergestellt und vertrieben wurden die von Grams entwickelten Kombipräparate

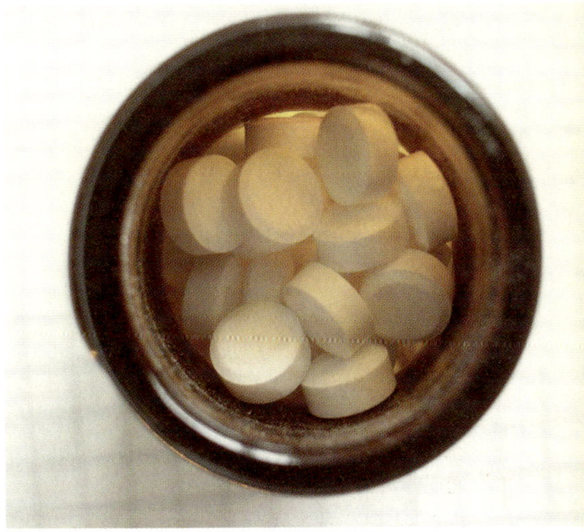

von Anfang an in den 1923 gegründeten JSO-Werken, deren Name von den Initialen eines ihrer Gründer, **J**ohannes **So**nntag, stammt. Der Produktname, unter dem die einzelnen Schüßler-Kombipräparate in Apotheken zu kaufen sind, lautet: JSO Bicomplex. Dieser Name wird zum Zwecke der Eindeutig- und Unterscheidbarkeit der insgesamt 30 verschiedenen Kombipräparate in den folgenden Ausführungen dieses Buches weiter verwendet.

Die Herstellung der Kombipräparate

Alle Einzelbestandteile der JSO Bicomplexe werden, wie für die Herstellung von Schüßler-Salzen und homöopathischen Mitteln typisch, potenziert. Die potenzierten Einzelbestandteile werden bis zum vorletzten Potenzierungsschritt einzeln verrieben. Der letzte Schritt erfolgt dann bereits in der für das jeweilige Kombipräparat vorgesehenen Mischung. Dadurch sind die Bicomplexe mehr als die Summe der jeweiligen Einzelmittel. Denn durch den vorher beschriebenen letzten gemeinsamen Potenzierungsschritt in der Herstellung, erhält das jeweilige Mittel seine ganz spezielle Wirkweise.

Die Vorteile der Kombipräparate

Der große Vorteil der Kombipräparate gegenüber den Schüßler-Salzen liegt in der Einfachheit der Auswahl und Einnahme. Somit besitzen die JSO Bicomplexe vor allem in der Eigenbehandlung von alltäglichen Erkrankungen einen ganz besonderen Wert. Durch die Kombination der für das jeweilige Symptomenbild passenden Einzelmittel ist die Suche nach dem richtigen Mittel viel sicherer und einfacher. Zum Beispiel der Schnupfen: Bei den Schüßler-Salzen kommen viele verschiedene Mittel in Frage, wobei die jeweiligen Symptome und Stadien der Erkrankung genau berücksichtigt werden müssen. Dabei gilt es zu beachten, ob Sie nun im Anfangsstadium des Schnupfens sind, das Nasensekret eher hell-wässrig, gelblich-wässrig, gelb-schleimig oder bereits eitrig ist. Gerade bei einem Schnupfen sind je nach Stadium der Entzündung innerhalb kürzester Zeit mehrere Mittel angezeigt, deren Einsatz der weniger Geübte nur nach einer intensiven Beschäftigung mit der Wirkweise der einzelnen Salze unterscheiden und eindeutig bestimmen kann. Eine eindeutige Zuordnung ist eigentlich nur für einen erfahrenen Therapeuten möglich. Die Bicomplexe vereinen alle für die verschiedensten Stadien einer Erkrankung relevanten Mittel in einem, so sind Sie bestens versorgt und können sich aufs Gesundwerden konzentrieren, statt auf die ständige neue Suche des passenden Mineralsalzes.

Diese Vereinfachung geht dann bei der Einnahme weiter, Sie müssen jeweils nur eine Medikamenten-Packung bei sich haben und auch in der Gesamtmenge deutlich weniger Tabletten einnehmen. Gerade für berufstätige Menschen, auf Reisen oder für die Anwendung bei Kindern ist das eine große Erleichterung. Auch die eigene Hemmschwelle oder Angst, etwas falsch zu machen, wenn man sich auf ein Schüßler-Salz festlegen muss, entfällt. Und schließlich helfen die Bicomplexe auch Geld sparen, weil etwa im Falle eines Schnupfens ein oder höchstens zwei Mittel angeschafft werden müssen und nicht alle für einen Schnupfen relevanten sieben oder acht einzelnen Schüßler-Salze.

Doch natürlich hat auch die Wirkweise der Bicomplex-Mittel ebenso wie die Selbstbehandlung ihre Grenzen. Bessern sich die Beschwerden nicht, sollten Sie sich von einem Arzt oder Heilpraktiker untersuchen lassen. Bei einem Notfall sollten Sie selbstverständlich unverzüglich den Notarzt rufen.

Wo bekommen Sie die Mittel?

Die JSO Bicomplexe können Sie in Apotheken rezeptfrei kaufen bzw. bestellen. Hat eine Apotheke die gewünschten Mittel nicht vorrätig, sind diese meist innerhalb von Stunden lieferbar. Wichtig: Nennen Sie dem Apotheker das jeweilige Mittel, das Sie je nach Beschwerde-Bild aus diesem Buch herausgefunden haben, mit der folgenden Bezeichnung:

JSO Bicomplex plus entsprechender Nummer, zum Beispiel 15 für das Hustenmittel. Die Mittel werden in Tablettenform hergestellt und in Packungen zu 150 Tabletten verkauft. Der Preis für ein JSO Bicomplex liegt bei 8,93 Euro.

Noch einfacher ist die Bestellung des richtigen Mittels für den Apotheker, wenn Sie die Pharmazentralnummer (PZN) des jeweiligen Mittels parat haben, unter der er das Mittel in seinem Computer-Bestellprogramm finden kann. Auf der nächsten Seite finden Sie eine Auflistung aller Bicomplex-Mittel mit der jeweiligen PZN.

Dosierung und Anwendung

In den Beipackzetteln der JSO Bicomplexe werden Sie Empfehlungen für die Dosierung finden, die sich teilweise von den Einnahme-Hinweisen in diesem Buch unterscheiden. Ein Arzt oder Heilpraktiker ist frei in der Dosierung eines Heilmittels. Daher lautet auch der Hinweis in den Packungsbeilagen der Medikamente »... soweit nicht anders verordnet«. Die Angaben in diesem Buch sind bewährte Empfehlungen von Heilpraktikern, die bereits langjährig mit den JSO Bicomplex-Mitteln arbeiten. Zudem wird für jedes der aufgeführten Mittel im Beschwerde-Teil dieses Buches die speziell empfohlene Dosierung angegeben. Das gibt Ihnen zusätzliche Sicherheit, dass Sie die richtige Anzahl von Tabletten einnehmen. Wichtig ist in diesem Zusammenhang: Die JSO Bicomplex-Mittel haben keine Nebenwirkungen.

Allgemein gilt für die Dosierung bei Erwachsenen: Bei akuten Beschwerden können bis zum Eintritt einer Besserung alle zehn Minuten ein bis zwei Tabletten ein-

		PZN
JSO Bicomplex 1	Abführmittel	0544817
JSO Bicomplex 2	Blutmittel	0544823
JSO Bicomplex 3	Darmmittel	0544846
JSO Bicomplex 4	Drüsenmittel	0544852
JSO Bicomplex 5	Krampfmittel	0544869
JSO Bicomplex 6	Fiebermittel	0544875
JSO Bicomplex 7	Innersekretorisches Mittel	0544881
JSO Bicomplex 8	Gefäßmittel	0544898
JSO Bicomplex 9	Gicht- und Rheumatismusmittel	0544906
JSO Bicomplex 10	Haarmittel	0544912
JSO Bicomplex 11	Hautmittel	0544929
JSO Bicomplex 12	Herzmittel	0544935
JSO Bicomplex 13	Knochenmittel	0544941
JSO Bicomplex 14	Geschwürmittel	0544958
JSO Bicomplex 15	Hustenmittel	0544964
JSO Bicomplex 16	Magenmittel 1	0544970
JSO Bicomplex 17	Magenmittel 2	0544987
JSO Bicomplex 18	Kräftigungsmittel	0544993
JSO Bicomplex 19	Nerven- und Gehirnmittel	0545001
JSO Bicomplex 20	Nierenmittel	0545018
JSO Bicomplex 21	Schleimhautmittel	0545024
JSO Bicomplex 22	Schwangerschaftsmittel	0545030
JSO Bicomplex 23	Konstitutionsmittel	0545047
JSO Bicomplex 24	Ausscheidungsmittel	0545053
JSO Bicomplex 25	Wassersuchtmittel	0545076
JSO Bicomplex 26	Blasenmittel	0545082
JSO Bicomplex 27	Lebermittel	0545099
JSO Bicomplex 28	Lymphmittel	0545107
JSO Bicomplex 29	Muskelmittel	0545113
JSO Bicomplex 30	Zahnmittel	0545136

genommen werden. Für die anschließende oder längerfristige Behandlung liegt die von den Therapeuten meist empfohlene Einnahme bei drei- bis viermal täglich zwei bis drei Tabletten – je nach Schwere der Beschwerden.

Die Tabletten sollten Sie möglichst langsam im Mund zergehen lassen, damit der Körper die Wirkstoffe sofort über die Mundschleimhaut aufnimmt. Daher wird auch empfohlen die Tabletten nicht zusammen mit Mahlzeiten oder Getränken einzunehmen, sondern mindestens eine halbe Stunde vor (oder eine Stunde nach) dem Essen.

Die Schüßler-Kombipräparate eignen sich auch ergänzend zur schulmedizinischen Therapie und können begleitend zu anderen Arzneimitteln eingesetzt werden.

Die einzelnen Mittel können auch kombiniert oder im Wechsel eingenommen werden. In welchen Fällen das jeweils angeraten ist, erfahren Sie ebenfalls im Beschwerde-Teil dieses Buches. Generell gilt: Bei einer kombinierten Einnahme ist gemeint, dass beide Mittel zusammen eingenommen werden; allerdings mit einem Abstand von etwa fünf Minuten oder das eine Mittel vor dem Essen, das andere nach dem Essen.
Bei dem Hinweis »Mittel im Wechsel einnehmen« ist der tägliche Wechsel gemeint: An einem Tag wird nur das eine Mittel in der empfohlenen Dosierung, also etwa dreimal zwei Tabletten, eingenommen. Am darauf folgenden Tag wird dann nur das zweite Mittel genommen, am dritten Tag dann wieder das erste.

Im Beipackzettel werden Sie ebenso den Hinweis finden, dass Sie das Mittel nicht einnehmen dürfen, wenn Sie gegen Weizenstärke überempfindlich, also allergisch, reagieren. Zudem kann Weizenstärke geringe Mengen Gluten enthalten, diese geringen Mengen gelten aber für Zöliakie-Patienten als verträglich. Wenn Sie trotzdem unsicher sind, fragen Sie Ihren Arzt oder Heilpraktiker.
Auch Milchzucker (Laktose) ist in dem Mittel enthalten, weil es für die Herstellung homöopathischer Tabletten vorgeschrieben ist. Bei einer nachgewiesenen Unverträglichkeit von Laktose sollten Sie zuerst mit Ihrem Therapeuten die Einnahme besprechen. In der Regel werden die geringen Mengen aber gut vertragen.

Dosierung bei Kindern

Babys und Kleinkindern können Eltern sowohl im akuten Zustand als auch für die längerfristige Behandlung drei- bis viermal täglich je eine Tablette verabreichen – entweder aufgelöst in etwas Muttermilch oder Wasser oder indem sie die Tablette einfach in die Backentasche des Kindes schieben. Mit zunehmendem Alter kann die Dosierung dann auf zwei Tabletten bei gleicher Einnahmehäufigkeit erhöht werden.

Die dreißig Komplexmittel und ihre Anwendungsbereiche

Alphabetisch geordnet finden Sie hier vom Abführmittel über Herz- und Schwangerschaftsmittel bis zum Zahnmittel die wichtigsten Informationen über die jeweiligen Kombinationspräparate.

Die dreißig Komplexmittel und ihre Anwendungsbereiche

Abführmittel

Diese 3 Mineralsalze wirken zusammen:
Calcium fluoratum D12
Natrium chloratum D6
Natrium sulfuricum D6
Das Abführmittel ist in der Apotheke unter dem Namen **JSO Bicomplex 1** (PZN 0544817) erhältlich.

Calcium fluoratum gibt dem Gewebe Festigkeit und Elastizität. Auch der Darmmuskulatur kann das Mineralsalz mehr Tonus verleihen, einer Erschlaffung entgegenwirken und damit insgesamt die Verdauungsprozesse verbessern.

Natrium chloratum reguliert den Wasser- und Säurehaushalt der Zellen. Es sorgt für die richtige Verteilung der Flüssigkeiten innerhalb und außerhalb der Körperzellen. In der Biochemie hat sich das Mittel bei chronisch-atonischer Verstopfung bewährt.

Natrium sulfuricum ist zuständig für Ausleitung und Ausscheidung. Es hilft, den Körper zu entgiften und hat eine enge Beziehung zu den Ausscheidungsorganen Leber, Galle, Darm und Nieren. Bei einem gestörten Natrium-sulfuricum-Haushalt treten Verstopfung und Blähungen häufig gleichzeitig auf.

- Der Darm spielt mit seiner Ausscheidungs- und Entgiftungsfunktion eine sehr große Rolle für unsere Gesundheit. Ist der Darm träge, kann er seine Aufgabe, den Stuhlbrei zu entsorgen, nicht richtig erfüllen, was zu einer Art »Selbstvergiftung« führen kann, die sich auf unsere Gefäße, Schleimhäute, die Leber und die Haut auswirken kann.
  Verstopfung beeinträchtigt unser Wohlbefinden auch deshalb, weil unser Wasserhaushalt durch den Dickdarm mit gesteuert wird, so dass die Flüssigkeitsaufnahme bei Verstopfung nicht mehr richtig funktioniert.

Wie wirkt das Abführmittel?

JSO Bicomplex 1 wirkt aktivierend auf den trägen Darm und fördert dessen Ausscheidungsfunktion, so dass auch die Folgeerscheinungen der »Selbstvergiftung«, wie spröde Haut und Stauungen des Lymph- und Blutflusses positiv beeinflusst werden. Bewährt hat sich der JSO Bicomplex 1 bei einer Neigung zur Verstopfung und einem träge arbeitenden Darm.

Einsatzmöglichkeiten
Verstopfung, Mundgeruch, Blähungen, Hämorrhoiden, Afterjucken, Darmerschlaffung, Hautbeschwerden (siehe S. 72), Herzstörungen aufgrund von Blähungen.

Blutmittel

Diese fünf Mineralsalze wirken zusammen:
Calcium phosphoricum D6
Ferrum phosphoricum D6
Kalium phosphoricum D6
Natrium chloratum D6
Silicea D12
Das Blutmittel ist in der Apotheke unter dem Namen **JSO Bicomplex 2** (PZN 0544823) erhältlich.

Calcium phosphoricum unterstützt die Bildung von körpereigenem Eiweiß und damit auch die Produktion von Hämoglobin, dem roten Blutfarbstoff. Außerdem stimuliert das Mineralsalz die Blutbildung und ist an Zellerneuerungsprozessen beteiligt.

Ferrum phosphoricum regt das blutbildende Gewebe und das Abwehrsystem an. Eisen ist der zentrale Baustein des Blutfarbstoffes Hämoglobin und dafür zuständig, Sauerstoff in die Zellen zu transportieren.

Kalium phosphoricum ist angezeigt bei allgemeiner Erschöpfung oder Überanstrengung. Kalium findet sich in den roten Blutkörperchen und in der Blutflüssigkeit. Es ist verantwortlich für die Reizleitung am Herzen. Ein Mangel an Kalium phosphoricum führt zu Müdigkeit und Energieschwäche.

Natrium chloratum reguliert den Wasser- und Säure-Basen-Haushalt und ist im Blut in hoher Konzentration enthalten. Das biochemische Salz verbessert die Ernährungssituation des Blutes und wirkt einer Blutarmut entgegen.

Silicea verbessert die Fließeigenschaften des Blutes und steigert die Abwehrkraft. In der Biochemie bezeichnet man das Mineralsalz auch als Katalysator des Gesamtstoffwechsels.

- Schon Goethe lässt Mephisto in seinem »Faust« sagen, dass Blut »ein ganz besonderer Saft« sei. Tatsächlich kann ein

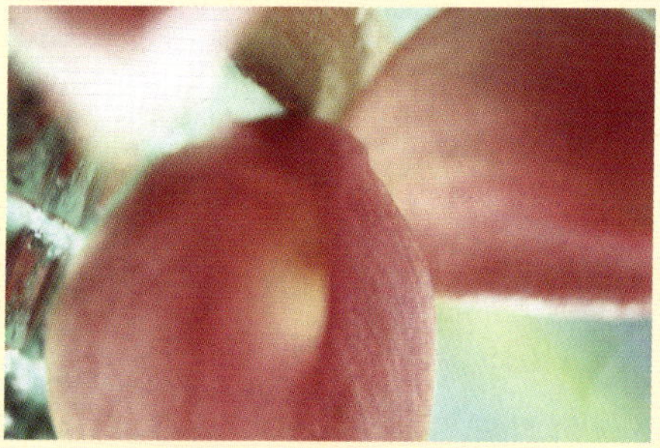

winziger Tropfen Blut sehr viel über unsere Gesundheit aussagen, da im Blut alle Stoffe enthalten sind, die unser Körper zum Leben braucht wie Nährstoffe, Mineralstoffe, Hormone und Abwehrstoffe.
Ein erwachsener Mensch besitzt etwa vier bis sechs Liter Blut, das über die Blutgefäße in jeden Winkel des Körpers transportiert wird. Es besteht aus festen Blutkörperchen (rote und weiße Blutkörperchen, Blutplättchen) und flüssigen Bestandteilen (Plasma). Blut erfüllt eine Vielzahl von lebenswichtigen Aufgaben. Es ist verantwortlich für den Transport von Sauerstoff (rote Blutkörperchen) und Nährstoffen zu den Zellen. Umgekehrt werden Kohlendioxid und Stoffwechselendprodukte abtransportiert. Die weißen Blutkörperchen sind für die Abwehr von Krankheitserregern zuständig, während die Blutplättchen eine wichtige Rolle bei der Blutgerinnung spielen.

Wie wirkt das Blutmittel?

JSO Bicomplex 2 verbessert die Blutqualität und die Funktion des blutbildenden Systems. Er kräftigt das Blut und die Gefäße. Elastizität und Tonus der Blutgefäße werden positiv beeinflusst. Weil es die Blutbildung stimuliert, ist es das Hauptmittel in der Rekonvaleszenz und bei Blutschwäche sowie unterstützend bei Blutarmut (Anämie). JSO Bicomplex 2 verbessert allgemein die Sauerstoffversorgung im Gewebe und in den Zellen. Daher kann es auch bei Gedächtnisschwäche oder Konzentrationsstörungen eingesetzt werden.

Einsatzmöglichkeiten

Neigung zur Blutarmut, Abwehrschwäche im Zusammenhang mit Blutarmut, Müdigkeit, Hauptmittel in der Rekonvaleszenz, Anämie mit niedrigem Blutdruck (Hypotonie), Kopfschmerz aufgrund von Blutarmut und niedrigem Blutdruck, Sauerstoffmangel bei Anämie, Schwindel, unterstützend bei Anämie in der Schwangerschaft, Mundwinkelrhagaden.

Darmmittel

Diese 4 Mineralsalze wirken zusammen:
Calcium phosphoricum D6
Kalium phosphoricum D6
Natrium phosphoricum D6
Natrium sulfuricum D6
Das Darmmittel ist in der Apotheke unter dem Namen **JSO Bicomplex 3** (PZN 0544846) erhältlich.

Calcium phosphoricum stabilisiert die Schleimhäute von Magen und Darm. Ein Mangel an diesem Salz zeigt sich häufig in Form von Darmkrämpfen, Durchfallneigung oder Verdauungsschwäche.
Kalium phosphoricum unterstützt die Darmfunktion und hat aufbauende Wirkung. Es wirkt kräftigend und normalisierend auf die Darmtätigkeit; beruhigt den nervösen oder irritierten Darm.

Natrium phosphoricum fördert die Verdauungsleistung und bindet Säuren. Eine Übersäuerung des Körpers führt zu einem Mangel an diesem Salz.
Natrium sulfuricum hat einen besonderen Bezug zu Darm, Leber, Galle und Nieren. Es gehört zu den wichtigsten Ausscheidungsmitteln der Schüßler-Salze und unterstützt die Entgiftung des Körpers.

- Der Darm gehört zu unseren wichtigsten Ausscheidungsorganen und ist das größte Kontaktorgan des Menschen zur Außenwelt. Im Darm werden nicht nur Nährstoffe verdaut, hier ist auch ein großer Teil des Immunsystems angesiedelt. Ein funktionierender Darm gilt deshalb als Basis der allgemeinen Gesundheit.
  Ohne eine intakte Schleimhaut und Bakterienflora kann der Darm seine lebenswichtigen Verdauungs- und Immunaufgaben nicht ausreichend wahrnehmen. Funktioniert der Darm als Ausleitungsorgan nicht richtig, sucht der Körper andere Ventile zur Reinigung. Dann werden vermehrt über die Haut überschüssige Stoffwechselprodukte ausgeschieden. Das erklärt, warum es als Folge eines gestörten Darms zu Hautbeschwerden kommen kann.

Wie wirkt das Darmmittel?

JSO Bicomplex 3 ist das Hauptmittel bei allen Darmerkrankungen und -störungen. Es normalisiert die Darmtätigkeit und reguliert die Darmschleimhaut. JSO Bicomplex 3 unterstützt die Wiederherstellung einer gesunden Verdauungsfunktion. Bewährt hat sich JSO Bicomplex 3 insbesondere bei Funktionsstörungen des Darms, sowie bei Dysbiose bzw. bei Gärungs- und Fäulnisprozessen im Darm. Außerdem stabilisiert es die Abwehrleistung, weil ein gesunder Darm das Immunsystem stärkt.

Einsatzmöglichkeiten

Blähungen, Wechsel zwischen Verstopfung und Durchfall, Durchfall, vermehrte Neigung zu Gärungs- und Fäulnisprozessen im Darm, Dysbiose, Mundgeruch, Magenschleimhautentzündung, Reizdarm (Colon irritabile), begleitend bei entzündlichen Darmerkrankungen, Neigung zu chronischen Katarrhen der Atemwege.

Drüsenmittel

Diese fünf Mineralsalze wirken zusammen:
Calcium fluoratum D12
Calcium phosphoricum D6
Kalium phosphoricum D6
Natrium chloratum D6
Silicea D12
Das Drüsenmittel ist in der Apotheke unter dem Namen **JSO Bicomplex 4** (PZN 0544852) erhältlich.

Calcium fluoratum ist zuständig für Schutz, Elastizität und Spannung des Gewebes. Ein Mangel an Calcium fluoratum kann sich in Form von Drüsenverhärtungen, wie z. B. der Lymphdrüsen, zeigen. Das Mineralsalz fördert die Rückbildung von Verhärtungen.

Calcium phosphoricum gehört zu den wichtigsten Aufbaumitteln in der Biochemie. Typisch bei diesem Mineralsalz ist die Wetterempfindlichkeit, die Neigung zu Erkältungen, die Verbindung zu den Drüsen sowie die Neigung zu gutartigen Wucherungen der Drüsen (z. B. Nasenpolypen, Vergrößerung der Gaumenmandeln). Kalium phosphoricum hat eine enge Beziehung zum Nervensystem. Das Mittel ist passend bei nervösen Erscheinungen, Konzentrations- oder Schlafstörungen, die im Zusammenhang mit Drüsenschwellungen auftreten können.

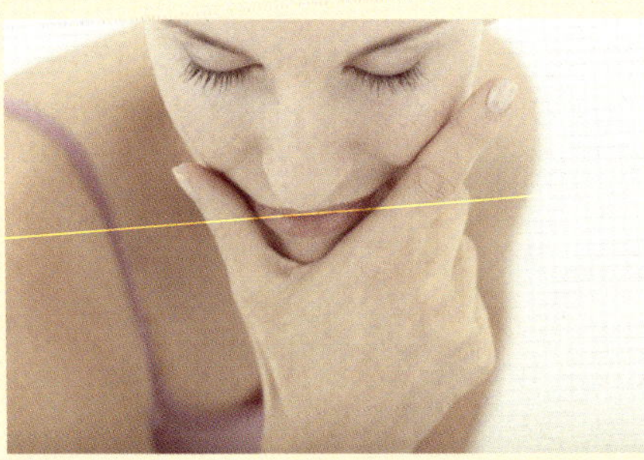

Natrium chloratum reguliert den Flüssigkeitshaushalt und den Säure-Basen-Haushalt. Bei einem gestörten Natrium-chloratum-Haushalt können Stauungen auftreten.

Silicea unterstützt die Bildung von weißen Blutkörperchen (Leuko- und Lymphozyten). Ein Defizit an Silicea kann sich in einer Schwäche der Drüsen und reduzierter Infektabwehr bemerkbar machen. In der Biochemie wird das Mineralsalz als Abschlussmittel nach Entzündungen und Infektionen eingesetzt.

- Menschen mit einer lymphatischen Konstitution neigen zu übersteigerten Reaktionen der Atemwege mit ausgeprägter Erkältungsneigung, geschwollenen Lymphdrüsen, Mandelentzündungen oder Ohrenschmerzen. Insbesondere Kinder neigen zu mehr oder weniger heftigen lymphatischen Reaktionen, da in diesem Alter das Lymphsystem stark gefordert ist. Erkrankungen im Nasen-Rachen-Raum sind in diesem Alter häufig. Typische Zeichen des Lymphatismus sind chronischer Schnupfen, Bronchitis, wiederkehrende Lymphknotenschwellungen am Hals und gutartige Wucherungen wie Nasenpolypen.

Wie wirkt das Drüsenmittel?
JSO Bicomplex 4 ist das Hauptmittel bei allen Drüsenstörungen. Es umfasst in seiner Wirkung die verwandtschaftliche Beziehung zwischen Lymphdrüsen und hormonellen Drüsen. Störungen in diesem System beeinträchtigen den freien Lymphfluss und können zu Schwellungen oder Verhärtungen führen. JSO Bicomplex 4 verbessert die Ernährung des Gewebes. Gleichzeitig unterstützt es die Entgiftung des Gewebes und stärkt das Abwehrsystem.

Einsatzmöglichkeiten
Schwellungen und Verhärtungen von Lymphdrüsen, Schilddrüsenstörungen; begleitend bei rezidivierender, chronischer Mittelohrentzündung oder Tubenkatarrh; vergrößerte Gaumenmandeln, begleitend bei Pfeiffer-Drüsenfieber, Unterstützung der lymphatischen Abwehr und bei lymphatischer Konstitution, Appetitlosigkeit nach kräftezehrender Krankheit, allergische Bindehautreizung.

Krampfmittel

Diese fünf Mineralsalze wirken zusammen:
Calcium phosphoricum D6
Kalium phosphoricum D6
Natrium chloratum D6
Magnesium phosphoricum D6
Silicea D12
Das Krampfmittel ist in der Apotheke unter dem Namen **JSO Bicomplex 5** (PZN 0544869) erhältlich.

Calcium phosphoricum normalisiert den Muskeltonus. Charakteristisch für dieses Mineralsalz ist die Nervenerschöpfung nach vorausgegangener nervöser Übererregung.

Kalium phosphoricum erhöht die Muskelsensibilität. Ein Mangel an Kalium phosphoricum zeigt sich in Form von Muskelunruhe, Zuckungen und Krämpfen.

Natrium chloratum reguliert die Erregbarkeit der Muskelfasern. Es kräftigt die Nerven bzw. harmonisiert die Beziehung zwischen Muskulatur und Nervensystem.

Magnesium phosphoricum vermindert die übersteigerte muskuläre Erregbarkeit. In der Biochemie hat sich das biochemische Salz bei allen Krampf- und Schmerzzuständen bewährt.

Silicea reguliert den Energiehaushalt und wirkt als Katalysator für den Gesamtstoffwechsel.

- Das Nervensystem ist Vermittler zwischen Reizaufnahme und -beantwortung. Es ist dafür zuständig, die Muskulatur entsprechend der inneren und äußeren Reize zu steuern. Nach dem mikroskopischen Erscheinungsbild wird zwischen der glatten und der quergestreiften Muskulatur unterschieden. Auf die glatte Muskulatur innerer Organe wie Darm, Lunge oder Herz haben wir willentlich kaum einen Einfluss. Die quergestreifte Muskulatur, auch als Skelettmuskulatur bezeichnet, wird hingegen von unserem Willen bewusst gesteuert und ermöglicht gezielte Bewegungen wie Gehen, Laufen oder Schreiben.

Wie wirkt das Krampfmittel?

JSO Bicomplex 5 ist das Basismittel bei allen Krampfzuständen. Es ökonomisiert den Energiehaushalt im Nerven- und Muskelgewebe und sorgt für Entspannung im Gewebe. JSO Bicomplex 5 wirkt bei allen Zuständen von Kolik, Spastik und Krampf regulierend auf den Erregungszustand im Sinne eines Ausgleichs.

Einsatzmöglichkeiten

Nervöse Muskelunruhe, Zuckungen und Krämpfe der Muskulatur, krampfartige Beschwerden vor und während der Menstruation, spastische Bronchitis, Kopfschmerzen, unterstützend bei Asthma und Keuchhusten, Schluckauf, krampfartige Blähungen und Verstopfung, Koliken von Magen, Darm und Gallenwegen, Schlafstörungen.

Fiebermittel

Diese vier Mineralsalze wirken zusammen:
Ferrum phosphoricum D12
Kalium chloratum D6
Kalium phosphoricum D6
Kalium sulfuricum D6
Das Fiebermittel ist in der Apotheke unter dem Namen **JSO Bicomplex 6** (PZN 0544875) erhältlich.

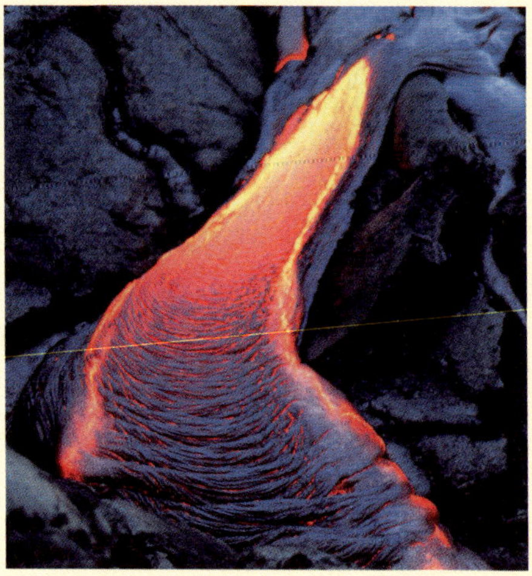

Ferrum phosphoricum ist das Mittel für akute Entzündungen im ersten Stadium sowie plötzlich auftretende Erkrankungen. Es hat sich bewährt bei den ersten Anzeichen fieberhafter Erkrankungen, Fieber bis 39 °C und im Frühstadium grippaler Infekte.

Kalium chloratum ist das Mittel für Entzündungen im zweiten Stadium. In dieser Phase sind die Krankheitssymptome schon deutlich ausgeprägt und der Infekt »blüht«. Typisch ist dabei ein weißes oder weißgraues Sekret.

Kalium phosphoricum wird in der Biochemie eingesetzt, wenn Fieber oder Entzündungen mit Schwächegefühl und Hinfälligkeit einhergehen.

Kalium sulfuricum ist das Mittel für Entzündungen im dritten Stadium, häufig verbunden mit gelblichen Absonderungen. Es gilt auch als das Abschlussmittel nach akuten Entzündungen und Katarrhen.

- Die normale Körpertemperatur liegt zwischen 36,0 und 37,5 °C. Als Fieber bezeichnet man Temperaturen über 38 °C, hohes Fieber liegt über 39 °C. Fieber ist zunächst ein sinnvoller Abwehrmechanismus des Organismus, um Bakterien und Viren zu bekämpfen. Es sollte deshalb auch nicht vorschnell unterdrückt werden. Ideal ist eine Behandlung mit biochemischen Salzen, um den Körper in seinem Abwehrprozess sanft und doch wirkungsvoll zu unterstützen.

Wie wirkt das Fiebermittel?

JSO Bicomplex 6 ist das Hauptmittel bei Fieber und Entzündungen. Die Wirkung von JSO Bicomplex 6 erstreckt sich auf Krankheiten, die mit vermehrter Wärmebildung und erhöhter Pulsfrequenz einhergehen. Dazu zählen in erster Linie akute Entzündungen, Überreaktionen und Katarrhe mit erhöhter Körpertemperatur.

Einsatzmöglichkeiten

Akute Entzündungen mit erhöhter Körpertemperatur, Fieber, Schnupfen, Nasennebenhöhlenentzündung (Sinusitis), akute Bronchitis, Heiserkeit bei Entzündungen und Katarrhen, Hals- und Rachenentzündungen, begleitend bei Mandelentzündung und Eiterungen, Venenentzündung, akute Entzündungen im Magen-Darm-Trakt, akute Bindehautentzündung, Blasenentzündung, Fibromyalgie, akute Gelenkentzündung.

Innersekretorisches Mittel

Diese vier Mineralsalze wirken zusammen:
Calcium phosphoricum D6
Ferrum phosphoricum D6
Kalium phosphoricum D6
Magnesium phosphoricum D6

Das Innersekretorische Mittel ist in der Apotheke unter dem Namen **JSO Bicomplex 7** (PZN 0544881) erhältlich.

Calcium phosphoricum hat eine Beziehung zu den hormonellen Drüsen und gilt als das Aufbaumittel der Biochemie. Ein Mangel macht sich in Form von Schwäche bemerkbar. Frauen neigen zu einer schwachen Periodenblutung oder dem Ausbleiben der Regel bei Blutarmut. Die Regel kann auch zu früh und stark auftreten. Charakteristisch sind zudem die Neigung zum Gebärmuttervorfall oder ein Schwächegefühl im Unterleib.

Ferrum phosphoricum steuert den Eisenhaushalt. Eine Störung im Ferrum-phosphoricum-Haushalt kann gekennzeichnet sein durch Regelstörungen aufgrund von Blutarmut und Blutverteilungsstörungen im kleinen Becken mit Folgestörungen an der Gebärmutter.

Kalium phosphoricum hat eine enge Beziehung zum Nervensystem. Typische Mangelsymptome sind nervöse Erschöpfung, krampfartige Regelbeschwerden sowie sexuelle Schwäche und Übererregung.

Magnesium phosphoricum ist an der Regulierung des Regelkreises von Hypophyse und Hypothalamus beteiligt. Es hat sich besonders bewährt bei krampfartigen Beschwerden während der Regel, prämenstruellem Syndrom (PMS) und stressbedingten Beschwerden.

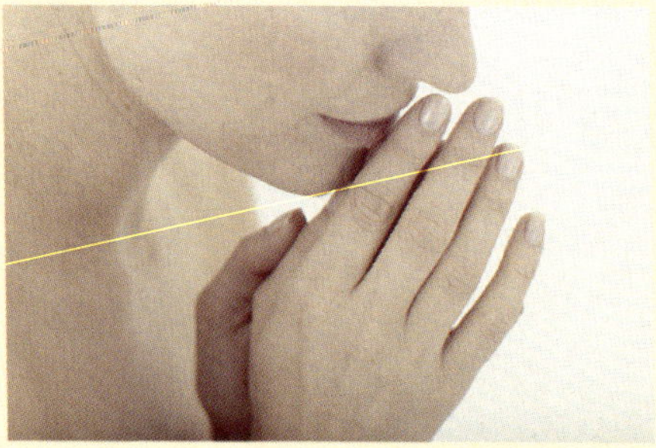

- Hormone sind chemische Botenstoffe, die in verschiedenen Drüsen gebildet werden und über dem Blutweg ihre Signale an andere Organe weitergeben. Hormone wirken nicht isoliert, sondern ihre Zusammenarbeit ist auf das Genaueste abgestimmt. Die übergeordnete Regulation des weiblichen Zyklus wird vom Gehirn (Zwischenhirn und Hirnanhangsdrüse) gesteuert. Die hormonellen Regelkreise der Frau reagieren sensibel auf Veränderungen und Störungen. Körperliche oder seelische Belastungen können das hormonelle Gefüge durcheinander bringen. Biochemische Salze wirken regulierend und ausgleichend.

Wie wirkt das Innersekretorische Mittel?

JSO Bicomplex 7 wirkt auf alle Erkrankungen im Urogenitalbereich. Es ist das Hauptmittel bei allen Regelstörungen der Frau. Das Mittel besitzt eine regulierende Wirkung auf die Achse Gehirn – hormonbildende Drüsen. JSO Bicomplex 7 hat sich insbesondere bewährt, um dem Zyklus einen stabilen Rhythmus zu geben.

Einsatzmöglichkeiten

Allgemein zur hormonellen Regulation, bei hormoneller Dysbalance, Prämenstruelles Syndrom (PMS), krampfartige oder schmerzhafte Menstruationsbeschwerden, zu schwache Menstruation, Eierstockzysten, Ausbleiben der Regel (Amenorrhö), Beschwerden in den Wechseljahren, depressive Verstimmung.

Gefäßmittel

Diese vier Mineralsalze wirken zusammen
Calcium fluoratum D12
Kalium phosphoricum D6
Magnesium phosphoricum D6
Silicea D12
Das Gefäßmittel ist in der Apotheke unter dem Namen **JSO Bicomplex 8** (PZN 0544898) erhältlich.

Calcium fluoratum sorgt für elastische Gefäße. Es unterstützt das umgebende Gewebe und verleiht ihm Spannung und ausreichenden Tonus.

Kalium phosphoricum reguliert die Gefäßspannung und wird unterstützend zur Stärkung der Gefäßklappen eingesetzt. Im Inneren der Körperzellen ist Kalium besonders stark konzentriert. Kalium phosphoricum ist das Mittel für die Stabilisierung des Nervensystems. Es findet sich u. a. in den roten Blutkörperchen, im Blut sowie in Nerven- und Muskelzellen. Das Mineralsalz unterstützt die Zellneubildung.

Magnesium phosphoricum wirkt entspannend auf die Muskulatur und sorgt für den richtigen Gefäßtonus. Bei einem Defizit entwickelt sich eine innere nervöse Erregung, die auch Blutgefäße und Herz ungünstig beeinflusst.

Silicea wird eingesetzt bei herabgesetzter Gefäßelastizität. Es stärkt das Bindegewebe und verbessert die Fließeigenschaften des Blutes. In der Biochemie setzt man das Mittel auch zur Vorbeugung der Gefäßverkalkung (Arteriosklerose) ein.

- Die Arterien transportieren Sauerstoff und Nährstoffe in jede Körperzelle. Eine der häufigsten Erkrankungen, die zu Störungen des Blutkreislaufs führen, ist die Arterienverkalkung, auch Arteriosklerose genannt. Kalkartige Ablagerungen verengen die Gefäße und verschlechtern damit die Durchblutung aller Organe, unter anderem auch des Gehirns. Bluthochdruck, Schwindel, eingeschränkte Merkfähigkeit und allgemein nachlassende Leistungsfähigkeit sind nur einige der möglichen Folgen. Die Venen sind dafür zuständig, Kohlendioxid und Abfallprodukte des Stoffwechsels abzutransportieren. Die Venenwände sind dünner als die Arterienwände und besitzen weniger Muskulatur. Eine Bindegewebsschwäche begünstigt Venenleiden wie Krampfadern oder Besenreiser.

Wie wirkt das Gefäßmittel?

JSO Bicomplex 8 ist das Hauptmittel bei Arteriosklerose und Durchblutungsstörungen. Es trägt dazu bei, die Gefäßstrukturen zu erhalten und erhält die Elastizität der umliegenden Gewebe. Es wirkt regulierend auf die Gefäßspannung und

unterstützt den Transport von Nährstoffen und den Abtransport von unerwünschten Stoffwechselendprodukten.

Einsatzmöglichkeiten

Zur Vorbeugung und unterstützenden Behandlung der Gefäßverkalkung (Arteriosklerose), Venenerschlaffung, Venenerkrankungen wie Krampfadern, begleitend bei Unterschenkelgeschwüren, Altersherz, zur Verbesserung der Fließeigenschaften des Blutes, Durchblutungsstörungen, Schwindel; unterstützend bei Tinnitus, Altersschwindel und koronarer Herzkrankheit; Gedächtnisschwäche, Bluthochdruck.

Gicht- und Rheumatismusmittel

Diese vier Mineralsalze wirken zusammen:
Ferrum phosphoricum D12
Natrium phosphoricum D6
Natrium sulfuricum D6
Silicea D12
Das Gicht- und Rheumatismusmittel ist in der Apotheke unter dem Namen **JSO Bicomplex 9** (PZN 0544906) erhältlich.

Ferrum phosphoricum wird eingesetzt bei akuten gichtisch-rheumatischen Entzündungen. Typisch sind Schwellungen des Gelenks mit Überwärmung und Rötung. Es ist das Mittel im ersten Stadium einer Gelenkentzündung.

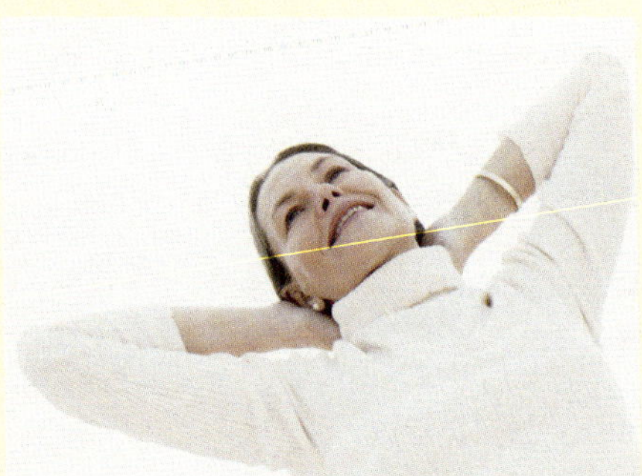

Natrium phosphoricum ist das Mittel bei erhöhten Harnsäurewerten im Blut. Das Mineralsalz neutralisiert Säuren und unterstützt die Ausscheidungsorgane.

Natrium sulfuricum ist zuständig für die reibungslose Ausleitung und Ausscheidung von Stoffwechselendprodukten und anderen belastenden Stoffen.

Silicea löst Harnsäure aus dem Gewebe und fördert die Entgiftung des Bindegewebes. Bei einem Defizit an Silicea entwickelt sich ein Überschuss an Harnsäure. Bei chronisch-rheumatischen Beschwerden ist das Mittel ein Muss.

- Unter dem Begriff »Rheuma« wird eine Vielzahl von Gelenkerkrankungen zusammengefasst, wie z. B. Arthrose (Gelenkverschleiß), Arthritis (Gelenkentzündung) und die rheumatoide Arthritis. Aus Sicht der Naturheilkunde können Erkrankungen des Bewegungsapparates mit langandauernder Stoffwechselbelastung des Körpers in Verbindung stehen. Beschwerden im Gelenkbereich sind demnach Ausdruck

eines insgesamt gestörten Organismus. Insbesondere langjährige Fehlernährung im Sinne von übermäßigem Fleisch- und tierischem Eiweißkonsum führen zu einer »Überfüllung« des Bindegewebes. Daraus entwickelt sich eine örtliche Übersäuerung (Azidose) mit einer gestörten Sauerstoff- und Nährstoffversorgung des Gelenkes.
Bei Gicht handelt es sich nicht um eine Erkrankung der Gelenke (auch wenn dort der Schmerz zuerst auftritt), sondern eine erblich bedingte Stoffwechselstörung mit einer erhöhten Harnsäurekonzentration im Blut. Allgemein spielt bei Gelenkbeschwerden die Entgiftung und Entsäuerung des Körpers mit biochemischen Mineralsalzen eine zentrale Rolle.

Wie wirkt das Gicht- und Rheumatismusmittel?

JSO Bicomplex 9 ist das Hauptmittel bei akuten Entzündungen der Gelenke. Zu den wichtigsten Einsatzgebieten gehören Gicht und Rheuma. JSO Bicomplex 9 löst einerseits ältere unerwünschte Ablagerungen aus dem Gewebe und scheidet sie aus, und verhindert andererseits die Einlagerung neuer krankmachender Substanzen.

Einsatzmöglichkeiten

Gicht, akute Gelenkentzündung (Arthritis), rheumatische Beschwerden, Muskelrheuma, Muskelkater, unterstützend bei Fibromyalgie, erhöhte Harnsäurespiegel im Blut, Neigung zu Nierensteinen, bei Übersäuerungszuständen und Säurebelastung, Akne, Arteriosklerose.

Haarmittel

Diese vier Mineralsalze wirken zusammen

Calcium fluoratum D12
Kalium phosphoricum D6
Natrium chloratum D6
Silicea D12
Das Haarmittel ist in der Apotheke unter dem Namen **JSO Bicomplex 10** (PZN 0544912) erhältlich.

Calcium fluoratum verleiht dem Haar Kraft und Festigkeit. Es dient auch der Kräftigung der Nägel. Bei einem Mangel an Calcium fluoratum kann man spröde und leicht splitternde Fingernägel beobachten.

Kalium phosphoricum verbessert die Ernährung der Kopfhaut. Es wirkt wie ein Energetikum für die Haarwurzel und gleicht hormonelle Minderleistungen aus. Sind die Kalium-phosphoricum-Depots leer, ist Haarausfall keine Seltenheit.

Natrium chloratum verbessert ebenfalls die Ernährung der Kopfhaut. Es unterstützt den Mineralstoffwechsel und stärkt über diesen Weg das Haar.

Silicea ist entscheidend für den Aufbau von Haaren und Nägeln. Es verleiht dem Haar Glanz und stärkt die Nägel. Das Mineralsalz fördert die Aufnahme von Vitaminen und Mineralstoffen. Bei einem

Mangel an Silicea wirkt das Haar stumpf und die Fingernägel reißen leicht ein.

- Der Zustand von Haaren und Nägeln gibt uns Aufschluss über Mineralhaushalt und Nährstoffversorgung. Bei einem Mangel an bestimmten Mineralstoffen oder einem gestörten Stoffwechsel verlieren die Haare an Glanz und Frische, sie werden stumpf oder spröde, die Fingernägel büßen ihre Elastizität und Spannkraft ein. Bei Haarausfall spielen häufig genetische oder hormonelle Gründe eine Rolle, aber auch Medikamente oder Infektionen können Auslöser sein. In jedem Fall benötigen Haare und Nägel nicht nur eine gute Pflege, sondern auch Unterstützung von innen – mit richtig zusammengestellten Mineralstoffen.

Wie wirkt das Haarmittel?

JSO Bicomplex 10 ist das Hauptmittel bei Störungen der Haare und Nägel. Es verbessert deren Ernährung und Energiestoffwechsel. Bewährt hat sich JSO Bicomplex 10 auch bei Haar- und Nagelbrüchigkeit sowie bei Haarausfall.

Einsatzmöglichkeiten

Brüchige, kraft- und glanzlose Haare; Kopfschuppen; diffuser Haarausfall, kreisrunder Haarausfall (Alopezia areata), Haarausfall nach akuten und anstrengenden Krankheiten; Haarausfall bei hormonellen Störungen, auch in der Schwangerschaft; brüchige Fingernägel, gestörtes Wachstum der Nägel, spröde Nägel, Neigung zu Hornhaut.

Hautmittel

Diese fünf Mineralsalze wirken zusammen:
Calcium phosphoricum D6
Kalium sulfuricum D6
Magnesium phosphoricum D6
Natrium chloratum D6
Silicea D12
Das Hautmittel ist in der Apotheke unter dem Namen **JSO Bicomplex 11** (PZN 0544929) erhältlich.

Calcium phosphoricum fördert Heilungsprozesse sowie die Erneuerung von Körperzellen und Gewebe. Typisch für ein Defizit an diesem Mineralsalz ist eine feine Haut, die zu Pickelchen neigt.

Kalium sulfuricum setzt Schlackenstoffe frei und unterstützt die Entgiftung. Charakteristisch bei einem Mangel an Kalium sulfuricum ist die Neigung zu schuppiger

Haut, Hautjucken, Ekzemen und Neurodermitis.

Magnesium phosphoricum stabilisiert das Nervengewebe und entwickelt damit indirekt eine beruhigende Wirkung bei Hauterkrankungen. Das Mineralsalz hat sich zudem bewährt bei Hautjucken, Altershaut und erhöhter Sensibilität der Haut.

Natrium chloratum reguliert den Flüssigkeitshaushalt und den Säure-Basen-Haushalt. Ein Mangel an Natrium chloratum äußert sich in einem Feuchtigkeitsmangel der Haut sowie vergrößerten Hautporen.

Silicea hat eine sehr enge Beziehung zur Haut. Kieselsäure verfügt über eine hohe Regenerationskraft und gilt als das Anti-Aging-Mittel der Schüßler Salze. Menschen mit einem gestörten Silicea-Stoffwechsel neigen zu dünner Haut und Erschlaffung des Bindegewebes. Auch Hauterkrankungen, Entzündungen mit Eiterungen sowie Erkrankungen der Nägel können auf einen Mangel hinweisen.

- Die Haut umgibt unseren Körper wie eine schützende Hülle und spiegelt auch unser körperliches Wohlbefinden wider. Über ihre Tast-, Temperatur- und Schmerzrezeptoren steht sie in enger und direkter Kommunikation mit der Umwelt. Die Haut hat eine große Bedeutung als Kontaktorgan, sei es als zärtliche oder schmerzhafte Berührung. Haut und Nervensystem sind eng verknüpft; auf vegetative Prozesse reagiert die Haut sehr schnell: z. B. »vor Schreck blass werden«, oder »vor Angst bricht der Schweiß aus«. Ist die Haut erkrankt, ist dies aus naturheilkundlicher Sicht ein Zeichen für Störungen, die den gesamten Organismus betreffen. Denn Hauterkrankungen dienen häufig einer Entlastung des Organismus, vergleichbar einem Ventil, das sich der Körper zur Ausleitung sucht. Hautleiden, die auf eine äußerliche Behandlung nicht ansprechen, werden oft mit Erfolg von innen heraus geheilt, z. B. mit biochemischen Mineralsalzen oder homöopathischen Mitteln.

Wie wirkt das Hautmittel?

JSO Bicomplex 11 ist das Basismittel für die Haut bei Hauterkrankungen. Es stabilisiert die Hautfunktion und unterstützt die Regulation der Hauttätigkeit. Außerdem fördert es die natürliche Hautatmung und steigert die Abwehrkraft der Haut. JSO Bicomplex 11 regt die Ausleitung und Entgiftung über die Haut an.

Einsatzmöglichkeiten

Akute Ekzeme, chronische trockene Ekzeme, akute und subakute Neurodermitis, akute und subakute Schuppenflechte, rissige Haut, Juckreiz, begleitend bei Urtikaria, Akne, Furunkel und Karbunkel, unterstützend bei Herpes labialis und Herpes zoster, Ernährungsstörungen der Nägel, unterstützend bei Nagelpilz, zur allgemeinen Verbesserung der Hautfunktion, Milchschorf, erhöhte Schweißneigung.

Herzmittel

Diese vier Mineralsalze wirken zusammen:
Calcium fluoratum D12
Kalium phosphoricum D6
Magnesium phosphoricum D6
Natrium chloratum D6
Das Herzmittel ist in der Apotheke unter dem Namen **JSO Bicomplex 12** (PZN 0544935) erhältlich.

Calcium fluoratum besitzt eine dynamisierende Wirkung. Es ist zuständig für die Elastizität des Gewebes, der Gefäße und der Muskulatur, auch der Herzmuskulatur. Ein Mangel an Calcium fluoratum führt zu Verhärtungen der Blutgefäße (Arteriosklerose).

Kalium phosphoricum gilt als das Salz der Nerven und Psyche. Kalium ist im Inneren der Zellen stark vertreten. Das Mineralsalz hat sich bewährt bei Funktionsstörungen des Herzmuskels, da es für die Erregbarkeit der Nerven und Muskelzellen sowie für die Reizleitung am Herzen verantwortlich ist.

Magnesium phosphoricum besitzt ebenfalls rhythmisierende Eigenschaften. Das spielt besonders bei funktionellen Herzbeschwerden mit nervösen Rhythmusstörungen eine wichtige Rolle. Das Mineral normalisiert die Erregbarkeit des Herzmuskels.

Natrium chloratum wirkt regulierend auf die Muskulatur und die Erregbarkeit des Herzmuskels. Im Blut ist Natrium in hoher Konzentration enthalten. Das Mineralsalz ist außerdem – neben anderen Faktoren – zuständig für die Fließeigenschaften des Blutes.

- Unermüdlich vollbringt unser Herz Höchstleistungen. Pro Tag schlägt es etwa hunderttausendmal und pumpt sauerstoff- und nährstoffreiches Blut in die kleinsten Winkel des Körpers. Im Herzschlag erfährt der Mensch auch den Rhythmus und die Ordnung des Lebens. Das Herz gilt als Sitz der Gefühle und tiefsten Empfindungen. Zahlreiche Redewendungen wie »sich etwas zu Herzen nehmen«, »warmherzig«, »ein gebrochenes Herz«, »sein Herz ausschütten« oder »ein Herz wie ein Stein« bringen innere Regungen und Konflikte deutlich zutage.
  Das Herz ist so gebaut, dass es sich auf Belastungssituationen schnell einstellen kann. Auf dauernden Stress reagiert es allerdings sensibel. Auch organische Ursachen können den Takt durcheinander bringen. Herzbeschwerden müssen deshalb grundsätzlich vom Arzt oder Heilpraktiker abgeklärt werden.

Wie wirkt das Herzmittel?

JSO Bicomplex 12 ist das Basismittel bei Herzbeschwerden sowie bei Herzschwäche zur begleitenden Behandlung. Es wirkt auf die Erregbarkeit und den Energiehaushalt des Herzmuskels. Auch die Viskosität des Blutes und die Elastizität des Herzmuskels werden durch JSO Bicomplex 12 verbessert.

Einsatzmöglichkeiten

Nervöse Herzbeschwerden, nervöses Herzklopfen, funktionelle Herzstörungen, begleitend bei Altersherz, Herzrhythmusstörungen, beginnende Herzschwäche, Ödeme (nur nach vorheriger Abklärung durch Arzt oder Heilpraktiker), begleitend bei Angina pectoris, zur Elastizitätserhaltung des Herzens, zur allgemeinen Unterstützung des Herzens u. a. bei Asthma und anderen Lungenerkrankungen, Bluthochdruck.

Knochenmittel

Diese vier Mineralsalze wirken zusammen:
Calcium fluoratum D12
Calcium phosphoricum D6
Magnesium phosphoricum D6
Silicea D12
Das Knochenmittel ist in der Apotheke unter dem Namen **JSO Bicomplex 13** (PZN 0544941) erhältlich.

Calcium fluoratum ist das wichtigste Mittel für das Stütz- und Bindegewebe. Es dient dem Aufbau, Erhalt und Festigung der Knochen.

Calcium phosphoricum ist das am häufigsten vorkommende Salz im Organismus und bildet mit hohem Anteil die Knochenmasse. Das Mineralsalz fördert den Knochenstoffwechsel und die Zellerneuerungsprozesse.

Magnesium phosphoricum ist ähnlich wie Calcium maßgeblich am Aufbau der Knochen beteiligt. Das Mineralsalz fördert zudem den Einbau von Calcium in den Knochen und beeinflusst die Knochenfestigkeit.

Silicea (Kieselsäure) kommt gehäuft im Bindegewebe vor. Es fördert die Festigkeit der Knochen und stärkt damit ihre Widerstandskraft und Elastizität.

- Für einen gesunden Knochenstoffwechsel ist viel Bewegung und eine gesunde Ernährung unerlässlich. Die maximale Knochendichte wird im Alter von etwa 30 Jahren erreicht. Bereits ab dem 40. Lebensjahr beginnt ein kontinuierlicher, langsamer Verlust an Knochenmasse. Daher ist die frühzeitige Vorsorge schon in jungen Jahren so wichtig. Bestimmte Mikronährstoffe wie Kalzium, Magnesium und Vitamin D schützen und stabilisieren den Knochen. Biochemische Mineralsalze eignen sich zur Vorbeugung und unterstützend zur Behandlung der Osteoporose, denn sie sorgen dafür, dass wichtige Mineralstoffe wie Kalzium und Magnesium aus der Nahrung vom Körper besser aufgenommen und verwertet werden können.

Wie wirkt das Knochenmittel?

JSO Bicomplex 13 ist das Hauptmittel für den Knochenstoffwechsel. Es wird eingesetzt zur Stärkung der Knochen und zur Unterstützung des Knochenstoffwechsels in Bezug auf Festigkeit, Struktur und Energiehaushalt. Es wird zur Osteoporosevorbeugung sowie begleitend bei der Behandlung der Osteoporose eingesetzt.

Einsatzmöglichkeiten

Gelenkverschleiß (Arthrosen), zur Vorbeugung und Unterstützung von Osteoporose, gestörtes Wachstum der Knochen, unterstützend nach Folgen von Knochenbrüchen, unterstützend bei Bindegewebsschwäche mit Veränderungen der Statik wie z. B. Senkfuß und Spreizfuß, unterstützend bei chronischer Mittelohrentzündung.

Geschwürmittel

Diese vier Mineralsalze wirken zusammen:
Calcium fluoratum D12
Ferrum phosphoricum D12
Kalium sulfuricum D6
Silicea D12
Das Geschwürmittel ist in der Apotheke unter dem Namen **JSO Bicomplex 14** (PZN 0544958) erhältlich.

Calcium fluoratum fördert den Aufbau gesunder Haut. Es wird eingesetzt bei eitrigen Entzündungen und Geschwüren mit umliegender Gewebeverhärtung sowie bei Narbenbildung.

Ferrum phosphoricum ist wichtig für die Infektabwehr. Das Mineralsalz wird in der Biochemie eingesetzt bei den ersten Anzeichen einer akuten Entzündung und fiebrigen Prozessen.

Kalium sulfuricum unterstützt die Aufnahme von Sauerstoff in die Zellen und regt allgemein den Zellstoffwechsel an. Es hat sich bewährt bei chronischen und eitrigen Katarrhen und Entzündungen. In der Biochemie ist es das Mittel für das 3. Entzündungsstadium.

Silicea ist ein wichtiges biochemisches Mittel bei Eiterungen wie Furunkeln und Karbunkeln. Es bringt Abszesse zur Reife, da es die Eiterbildung fördert. Ein Mangel an Silicea führt zu einer schlechten Wundheilung.

- Aus naturheilkundlicher Sicht sind Infektionen der Haut, Eiterungen oder Geschwüre ein Zeichen einer Bindegewebsverschlackung. Die Haut ist ein wichtiges Ausscheidungsventil, das durch entzündliche Prozesse oder Eiterungen überlastet wird. Infektionen der Haut oder Eiterungen führen außerdem zum Untergang von Zellen und Gewebe. Um Schadstoffe auszuleiten und die Stoffwechselsituation positiv zu beeinflussen, ist eine Behandlung mit biochemischen Salzen hilfreich. Auch eine Stärkung des Immunsystems ist sinnvoll, insbesondere bei wiederkehrenden Infektionen und Eiterungen.

Wie wirkt das Geschwürmittel?
JSO Bicomplex 14 ist das Basismittel bei Eiterungen. Es bringt Eiterungsprozesse

zur Einschmelzung oder zur Reife und Entleerung. JSO Bicomplex 14 fördert die Bildung von gesundem Granulationsgewebe und damit den Heilungsprozess.

Einsatzmöglichkeiten
Eitrige Entzündungen, häufig wiederkehrende Hauterkrankungen mit Neigung zur Eiterbildung, Akne, Furunkel und Karbunkel, Abszesse, Unterschenkelgeschwüre, Hagelkorn, Gerstenkorn.

Hustenmittel

Diese vier Mineralsalze wirken zusammen:
Ferrum phosphoricum D12
Kalium chloratum D6
Magnesium phosphoricum D6
Silicea D12
Das Hustenmittel ist in der Apotheke unter dem Namen **JSO Bicomplex 15** (PZN 0544964) erhältlich.

Ferrum phosphoricum ist das richtige Mittel bei plötzlich beginnendem Husten sowie im ersten Krankheitsstadium mit trockenem, oft schmerzhaftem Husten. Bei einem Mangel an Eisen kommt es zu Störungen des Immunsystems.

Kalium chloratum besitzt eine entgiftende Wirkung und regt den Lymphfluss an. Das Mineralsalz stärkt die Schleimhäute der Atemwege und wird in der Biochemie eingesetzt bei schwer löslichem Husten mit zähem Auswurf.

Magnesium phosphoricum wirkt krampflösend und entspannend. Es ist deshalb passend bei lästigem, krampfartigem Husten.

Silicea wird eingesetzt bei chronischen, trockenen Schleimhauterkrankungen. Bewährt hat sich das Mineralsalz auch bei verschleppten Entzündungen und Katarrhen.

- Husten ist Symptom zahlreicher Krankheiten. Die häufigste Ursache für Husten ist eine Infektion der Atemwege. Der Hustenreiz, der bei einer Erkältung auftritt, weist auf eine Entzündung durch Viren oder Bakterien hin. In der ersten Phase ist der Husten zunächst eher trocken. Weil kein Schleim gebildet wird, spricht man auch von »unproduktivem« Husten. Nach einigen Tagen kann dieser so genannte Reizhusten in verschleimten, »produktiven« Husten mit Auswurf übergehen.
  Reagieren die Atemwege auf bestimmte Stoffe wie Staub, Blütenpollen oder Nahrungsmittel allergisch, so kann dies ebenfalls zu Husten mit oder ohne Auswurf führen. Auch Patienten mit einer Herzschwäche leiden häufig unter Husten. Bei Asthma bronchiale kommt es anfallsweise zu Husten mit Auswurf von zähem Schleim. Krampfartige Hustenstöße bei Kindern, verbunden mit einer erschwerten Einatmung, können auf Keuchhusten hinweisen.

Wie wirkt das Hustenmittel?

JSO Bicomplex 15 wird eingesetzt bei akuten, subakuten und chronischen Schleimhauterkrankungen der Atemwege. Es ist das Hauptmittel bei allen Bronchitisformen und Reizungen der Atemwege. JSO Bicomplex 15 beeinflusst den Spannungszustand der Atemwege und die Beschaffenheit des Sekrets. Es wirkt aufgrund seiner Zusammensetzung auch bei spastischen Erkrankungen der Atemwege wie Krampfhusten sowie bei Reizhusten.

Einsatzmöglichkeiten

Husten im Rahmen von akuten Erkältungen, Reizhusten, akute und chronische Bronchitis, Bronchialreizungen, begleitend bei Asthma und Keuchhusten.

Magenmittel 1

Diese 3 Mineralsalze wirken zusammen:
Magnesium phosphoricum D6
Natrium phosphoricum D6
Natrium sulfuricum D6
Das Magenmittel 1 ist in der Apotheke unter dem Namen **JSO Bicomplex 16** (PZN 0544970) erhältlich.

Magnesium phosphoricum wirkt mit seiner ausgeprägt basenbildenden Wirkung einer Übersäuerung im Magen entgegen. In der Biochemie ist es das wichtigste Mittel gegen Krämpfe und ist bekannt wegen seiner beruhigenden Wirkung auf das vegetative Nervensystem. Magnesium phosphoricum hilft bei einer Übererregung des Magens.

Natrium phosphoricum bindet Säuren und fördert die Ausleitung von sauren Stoffwechselprodukten. Menschen, die auf Stress mit Magenschmerzen und Spasmen reagieren und einen Säureüberschuss haben, benötigen häufig Natrium phosphoricum. Charakteristisch ist der brennende Schmerz.

Natrium sulfuricum regt die Ausscheidungsorgane wie Leber, Galle, Darm und Nieren an. Es unterstützt die allgemeine Entgiftung und Entschlackung. Das Mineralsalz hilft auch in Situationen, wenn der Magen besonders belastet wird, wie z. B. nach überreichlichem Essen und Alkohol.

- Der Magen funktioniert bei vielen Menschen wie ein Stress-Barometer. Auf Aufregung und Anspannung, ungesunde Ernährung (z. B. zu viel Kaffee, Süßigkeiten) und hastiges Essen reagieren die Magendrüsen mit einer Überproduktion von Säure. Dadurch kann die schützende Magenschleimhaut angegriffen werden und sich entzünden. Auch Bakterien (Helicobacter pylori) können eine Entzündung der Magenschleimhaut hervorrufen. Typische Symptome sind Schmerzen, Druck und Völlegefühl nach den Mahlzeiten. Bei Magen-Erkrankungen handelt es sich selten um einen rein organischen Prozess, sondern häufig sind sie Ausdruck eines engen Zusammenspiels zwischen seelischem Befinden und körperlicher Reaktion. Die bildlichen Sprichwörter

aus dem Volksmund wie »es schlägt mir auf den Magen«, oder »sauer aufstoßen« und »etwas in sich hineinfressen« bringen die Konflikte, die sich im Bereich ungelöster Probleme und Belastungen abspielen, deutlich zutage.

Wie wirkt das Magenmittel 1?

JSO Bicomplex 16 ist das Basismittel bei einer Überreizung des Magens. Es beruhigt die Magennerven und die Magenmuskulatur, und mindert so die übermäßige Erregbarkeit. Bewährt hat sich JSO Bicomplex 16 insbesondere bei allen Beschwerden, die durch einen Überschuss an Magensäure hervorgerufen werden. Dazu gehört an erster Stelle die akute Magenschleimhautzündung (Gastritis) sowie Sodbrennen oder saures Aufstoßen infolge von Säureüberschuss.

Einsatzmöglichkeiten

Akute Magenbeschwerden, Übelkeit, »Stressmagen«, Magenübersäuerung, akute Magenschleimhautentzündung mit einem Überschuss an Magensäure, Neigung zu Magengeschwüren, saures Aufstoßen und Erbrechen, entzündete Speiseröhre, Sodbrennen, gestörter Säure-Basen-Haushalt des Verdauungstraktes.

Magenmittel 2

Diese 4 Mineralsalze wirken zusammen:
Calcium fluoratum D12
Calcium phosphoricum D6
Kalium phosphoricum D6
Natrium chloratum D6
Das Magenmittel 2 ist in der Apotheke unter dem Namen **JSO Bicomplex 17** (PZN 0544987) erhältlich.

Calcium fluoratum kräftigt schwaches Gewebe. Auch für die Funktion von Nerven und Muskeln ist das Mineralsalz wichtig. Ein Mangel führt zu Elastizitätsverlust und Organsenkungen; Symptome können z. B. sein: Bindegewebsschwäche, Magenerweiterung oder Senkmagen.

Calcium phosphoricum normalisiert den Muskeltonus des Magens. Menschen, denen Calcium phosphoricum fehlt, haben oft ein erhöhtes Verlangen nach stark gewürzten und pikanten Speisen sowie Alkohol. In der Biochemie wird Calcium phosphoricum zur Kräftigung bei Schwächezuständen und als Aufbaumittel eingesetzt.

Kalium phosphoricum kräftigt die Schleimhautfunktion und stärkt den Verdauungstrakt. Das Mineralsalz hat zudem eine Beziehung zum Nervensystem, indem es beruhigend auf den nervösen und chronisch überreizten Magen wirkt.

Natrium chloratum hat eine starke Beziehung zum Wasserhaushalt. Das Mineralsalz wird benötigt bei chronischen Störungen des Magens mit eingeschränkter Drüsentätigkeit und trockenen Schleimhäuten. Häufig klagen die Betroffenen über Appetitlosigkeit sowie einen Salzsäuremangel des Magens bzw. chronischen Magenkatarrh.

- Wenn Stress, unverträgliches Essen oder andere Einflüsse den Magen aus dem Gleichgewicht bringen, kommt es zunächst zu einer akuten Magenreizung mit einem Zuviel an Säure. Wenn dieser Zustand chronisch wird, entwickelt sich daraus eine Schwäche des Magens mit einem Mangel an Verdauungssäften. Im Gegensatz zu der akuten Gastritis, die beruhigende Maßnahmen benötigt, sind bei chronischen Magenstörungen anregende und stärkende Mineralsalze einzusetzen.

Wie wirkt das Magenmittel 2?

JSO Bicomplex 17 ist das Hauptmittel bei Magen- und Verdauungsschwäche. Durch verschiedene Faktoren wie lang anhaltender Stress oder Stoffwechselbelastungen kommt es zu einem Tonusverlust und einer Mindererregung des Magens. Die Folge sind Störungen wie chronische Gastritis (Magenschleimhautentzündung). Typisch ist das Gefühl von Müdigkeit und Abgeschlagenheit als Ausdruck des Ener-

giemangels und reduzierten Muskeltonus. Die chronischen Störungen können von einer atonischen Verstopfung oder von einer Neigung zu Durchfall mit unverdauten Speisen begleitet sein. JSO Bicomplex 17 beeinflusst die durch einen Mangel an Säure bedingten Beschwerden. Es verbessert den Muskeltonus und normalisiert die Produktion der Magensäfte.

Einsatzmöglichkeiten
Magen- und Verdauungsschwäche, Blähungen, Mangel an Magensäften, chronische Magenschleimhautentzündung, Unverträglichkeit von Nahrungsmitteln, Appetitstörungen aufgrund von erniedrigtem Magentonus, Neigung zu Magengeschwüren, Aufstoßen, Magenerschlaffung, niedriger Blutdruck.

Kräftigungsmittel

Diese fünf Mittel wirken zusammen:
Carbo animalis D6
Calcium phosphoricum D6
Kalium phosphoricum D6
Natrium chloratum D6
Silicea D12
Das Kräftigungsmittel ist in der Apotheke unter dem Namen **JSO Bicomplex 18** (PZN 0544993) erhältlich.

Carbo animalis wird eingesetzt bei ausgeprägter Schwäche und nervöser Erschöpfung. Speziell nach anstrengenden Krankheiten, bei jungen Müttern oder bei älteren Menschen passt dieses Mittel häufig gut. Bei Carbo animalis haben alle Beschwerden brennenden Charakter.

Calcium phosphoricum gehört zu den wichtigsten Aufbau- und Kräftigungsmitteln. Es wirkt gleichzeitig beruhigend und aufbauend.

Kalium phosphoricum ist das Salz der Nerven und der Psyche. Es gehört zu den wichtigsten Mitteln bei körperlicher und geistig-seelischer Erschöpfung. Insbesondere nervöse und geschwächte Menschen profitieren von Kalium phosphoricum.

Natrium chloratum reguliert die Ausscheidung. Ein Mangel an Lebensenergie und depressive Verstimmungen sind bei diesem Mittel keine Seltenheit. Menschen, die Natrium chloratum benötigen, leiden zudem häufig unter einem schlechten Gedächtnis.

Silicea hat einen engen Bezug zum Nervensystem. Menschen mit einem gestörten Silicea-Stoffwechsel neigen dazu, sich zu überfordern und ihre eigenen Bedürfnisse zurückzustellen. Über kurz oder lang führt das zu einem Raubbau der eigenen Kräfte.

- Ständiger Stress, Überforderung oder Überlastung zehren an den Vorräten des Körpers. Wenn die Mineraldepots nahezu leer sind, fehlt die Kraft, um anstehende Aufgaben und Herausforderungen zu erledigen. Viele Menschen fühlen sich dann müde und ausgelaugt. Das kann auch bereits Kinder betreffen, die mit der Schule oder ihren alltäglichen Aufgaben überfordert sind.

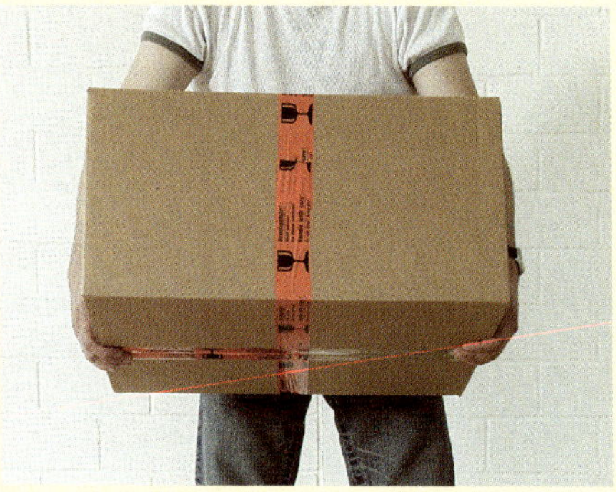

Wie wirkt das Kräftigungsmittel?

JSO Bicomplex 18 unterstützt die Regeneration und Rekonvaleszenz des Organismus. Es stärkt das Nervensystem und fördert die mentale Stabilität. Mit JSO Bicomplex 18 können im Alltag auftretende Belastungen besser bewältigt werden.

Einsatzmöglichkeiten

Körperliche und geistig-seelische Erschöpfungszustände, Müdigkeit, allgemeine Nervenschwäche, zur Kräftigung der Nervenfunktion, depressive Verstimmung aufgrund von Erschöpfung, nervöse Schlaflosigkeit, Schulkopfschmerzen, Antriebsschwäche, Überforderungssyndrom des Schulkindes, niedriger Blutdruck, Konzentrationsstörungen, begleitend bei chronischen Neuralgien.

Nerven- und Gehirnmittel

Diese vier Mineralsalze wirken zusammen:
Ammonium phosphoricum D6
Calcium phosphoricum D6
Kalium phosphoricum D6
Magnesium phosphoricum D6
Das Nerven- und Gehirnmittel ist in der Apotheke unter dem Namen **JSO Bicomplex 19** (PZN 0545001) erhältlich.

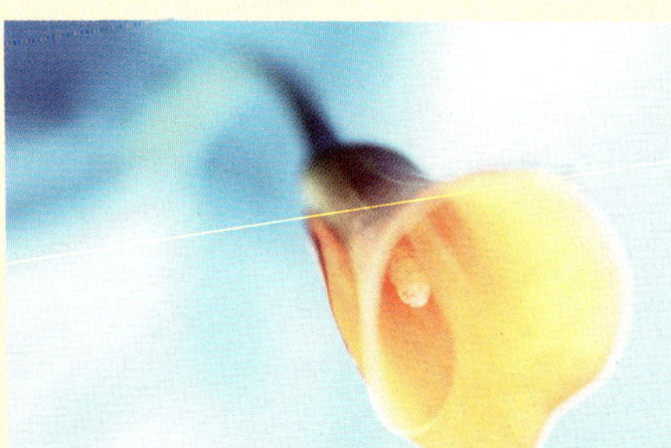

Ammonium phosphoricum wird bei einem gestörten Stoffwechsel zur Entsäuerung und Entgiftung eingesetzt. Bei Menschen, die unter starker innerlicher Anspannung stehen, neigt das Gewebe zur Übersäuerung. Ammonium phosphoricum unterstützt die Balance des Säuren-Basen-Haushaltes.

Calcium phosphoricum besitzt aufbauende und kräftigende Eigenschaften. Es wirkt beruhigend und passt häufig zu lebhaften Menschen, die nervlich schnell erschöpft sind oder unter Konzentrationsstörungen leiden.

Kalium phosphoricum gilt in der Biochemie als das wichtigste Salz für Nerven und Psyche. Das Mineralsalz hilft, die beiden Gegenspieler des vegetativen Nervensystems, Sympathicus und Parasympathicus, wieder in Balance zu bringen.

Magnesium phosphoricum ist das Entspannungssalz in der Biochemie. Es stärkt Muskel- und Nervengewebe und hilft bei stressbedingten Schlafstörungen.

- Wie stark oder schwach jemand auf innere und äußere Reize reagiert, ist sehr unterschiedlich. Viele Menschen besitzen konstitutionell ein empfindliches Nervensystem, das sie für verschiedene Störungen anfällig macht. Ständiger Stress, Doppelbelastungen durch Familie und Beruf sowie Leistungsdruck rauben Kraft und führen zu einer Entleerung der Energiespeicher. Nervöse Reizbarkeit ist somit kein Zeichen von Stärke, sondern es handelt sich um eine Schwäche des Nervensystems.

Wie wirkt das Nerven- und Gehirnmittel?

JSO Bicomplex 19 wirkt quasi wie eine Nervennahrung, die den Stoffwechsel des gesamten Nervensystems normalisiert. Das Mittel fördert die Energiespeicherung in den Nervenzellen, hilft körperliche und seelisch-geistige Stresszustände abzubauen und wirkt angenehm beruhigend, ohne müde zu machen.

Einsatzmöglichkeiten

Nervöse Überreizung, nervöse Erschöpfung, Nervenschwäche, Reizbarkeit, Konzentrationsstörungen, Licht- und Geräuschempfindlichkeit, nervöse Schlafstörungen, bei leichten Angstzuständen mit oder ohne Herzklopfen, depressive Verstimmungen aufgrund von Überforderung und Schwächegefühl, funktionelle Verdauungsbeschwerden aufgrund von nervösen Störungen oder Überlastungen.

Nierenmittel

Diese vier Mineralsalze wirken zusammen:
Ferrum phosphoricum D12
Kalium arsenicosum D6
Kalium chloratum D6
Kalium sulfuricum D6
Das Nierenmittel ist in der Apotheke unter dem Namen **JSO Bicomplex 20** (PZN 0545018) erhältlich.

Ferrum phosphoricum ist das Mittel im ersten Entzündungsstadium. Es wird eingesetzt bei akuten und subakuten Harnwegskatarrhen.

Kalium arsenicosum neigt zu Hauterkrankungen, häufig verbunden mit Juckreiz. Bei einer Überforderung der Nieren schaltet der Körper häufig die Haut als Ausleitungsventil ein.

Kalium chloratum wird eingesetzt im zweiten Entzündungsstadium. Es fördert die Ausscheidung von Giften und stärkt die Schleimhautfunktion.

Kalium sulfuricum ist das Mittel im dritten Entzündungsstadium. Es hat sich bei Krankheiten bewährt, die nicht richtig ausheilen bzw. zur Chronifizierung neigen wie z. B. chronische Katarrhe und Entzündungen im Urogenitalbereich. Gelblich-schleimiger Urin ist kennzeichnend.

- Die Nieren sind wichtige Teile des komplizierten körpereigenen Reinigungssystems. Sie sind lebenswichtig für die Entgiftung und helfen, Abfall- und Schadstoffe auszuscheiden. Die Nieren haben die Aufgabe, das Blut zu filtern und zu reinigen. Abfallstoffe, die dabei entstehen, werden über die Blase mit dem Urin ausgeschieden. Sind die Funktionen von Nieren und Harnblase beeinträchtigt, kann es zu Stoffwechselstörungen und rheumatischen Beschwerden kommen. Durch die Ausscheidung von Salzen und Wasser regulieren die Nieren darüber hinaus den Flüssigkeitshaushalt des Körpers.

Wie wirkt das Nierenmittel?

JSO Bicomplex 20 ist das Hauptmittel bei allen Nierenerkrankungen. Das Mittel beeinflusst Erkrankungen im Nieren- und Blasensystem und deren Folgeerscheinungen wie Steinleiden, Ödeme, Bluthochdruck oder rheumatische Beschwerden.

Einsatzmöglichkeiten

Chronische Erkrankungen der ableitenden Harnwege, unterstützend bei Nierenerkrankungen und Steinleiden, zur allgemeinen Entgiftung des Körpers und Anregung der Nierenfunktion; unterstützend bei Bluthochdruck und rheumatischen Beschwerden, die im Zusammenhang mit Nierenfunktionsstörungen auftreten.

Schleimhautmittel

Diese fünf Mineralsalze wirken zusammen:
Kalium chloratum D6
Kalium sulfuricum D6
Natrium chloratum D6
Natrium sulfuricum D6
Silicea D12
Das Schleimhautmittel ist in der Apotheke unter dem Namen **JSO Bicomplex 21** (PZN 0545024) erhältlich.

Kalium chloratum hat eine enge Beziehung zu den Schleimhäuten. Es stärkt deren Funktion und wirkt auch auf das Lymphsystem. Kalium chloratum gilt als wichtiges Entgiftungsmittel, indem es die Ausscheidungsprozesse fördert.

Kalium sulfuricum hat ebenfalls einen engen Bezug zu den Schleimhäuten. Das Mittel hat sich insbesondere bei chronischen Schleimhautkatarrhen bewährt. Bei einem Defizit an Kalium sulfuricum können Schleimhautveränderungen auftreten mit einer Neigung zur Polypenbildung.

Natrium chloratum reguliert den Flüssigkeits und Säure-Basen-Haushalt. Bei einer Störung des Natrium-chloratum-Stoffwechsels kommt es zu Schleimhautschwellungen und trockener Schleimhaut.

Natrium sulfuricum fördert die Ausscheidung von Stoffwechselschlacken und überflüssigen Stoffen. Es regt die Sekretion der Schleimhautdrüsen an und hat sich allgemein bewährt bei Katarrhen mit angeschwollener Schleimhaut.

Silicea findet sich in allen Zellen des Körpers, auch im Schleimhautgewebe. Das Mineralsalz fördert die Abwehrleistung der Schleimhäute. Kennzeichnend bei einem Defizit an Silicea ist die Trockenheit der Schleimhäute.

- Ob in Auge, Nase, Mund, Magen, Darm oder Urogenitalbereich – die Schleimhaut kleidet als Schutzschicht viele Organe des Körpers aus. Im gesunden Zustand bieten die Schleimhäute einen wirksamen Schutz vor eindringenden Krankheitserregern wie Bakterien und Viren. Sind die Schleimhäute ausgetrocknet oder anderweitig geschädigt, können sie diese wichtige Abwehraufgabe nicht mehr übernehmen.

Wie wirkt das Schleimhautmittel?

JSO Bicomplex 21 unterstützt die physiologische Schleimhautfunktion im gesam-

ten Körper und ist das Hauptmittel bei allen Schleimhauterkrankungen. Es kommt zum Einsatz bei subakuten und chronischen Erkrankungen, insbesondere im Bereich der oberen Atemwege. Auch auf das Lymphsystem nimmt es Einfluss. JSO Bicomplex 21 wirkt lindernd auf Reizungen der Schleimhaut und unterstützt deren Regeneration.

Einsatzmöglichkeiten

Zur Verbesserung der Schleimhautfunktion und Schleimhautpflege, zum Schutz und zur Regeneration der Schleimhaut bei subakuten und chronischen Katarrhen der Atemwege, Heiserkeit, Heuschnupfen, Polypen, zur Abwehrsteigerung bei verschleppten Katarrhen; Erkrankungen mit Verschleimungszuständen, chronische und rezidivierende Schleimhautreizungen im Magen-Darm-Bereich.

Schwangerschaftsmittel

Diese sechs Mineralsalze wirken zusammen:
Calcium fluoratum D12
Calcium phosphoricum D6
Ferrum phosphoricum D6
Kalium phosphoricum D6
Magnesium phosphoricum D6
Silicea D12
Das Schwangerschaftsmittel ist in der Apotheke unter dem Namen **JSO Bicomplex 22** (PZN 0545030) erhältlich.

Calcium fluoratum festigt das Binde- und Stützgewebe. Es beugt Schwangerschaftsstreifen vor und ist wichtig für die Knochen- und Zahnbildung. Es hat sich auch zur Erleichterung der Geburt bewährt.

Calcium phosphoricum stabilisiert den Kalziumhaushalt in der Schwangerschaft und unterstützt den freien Lymphfluss. Bei Schwangerschaftserbrechen kann es hilfreich sein.

Ferrum phosphoricum sorgt für eine gute Sauerstoffversorgung. Es wirkt blutaufbauend und beeinflusst den Eisenstoffwechsel positiv. In der Schwangerschaft wird es häufig eingesetzt, weil viele Frauen in dieser Zeit niedrige Eisenwerte haben.

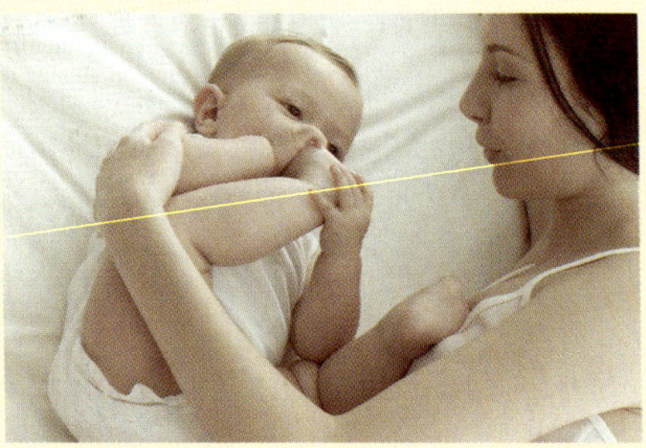

Kalium phosphoricum kräftigt den Energiehaushalt, wirkt nervenstärkend und fördert einen erholsamen Schlaf.

Magnesium phosphoricum entspannt die Muskulatur und baut Spannungen ab. Das Mineralsalz reguliert die Wehentätigkeit und beruhigt die Nerven.

Silicea sorgt für festes Bindegewebe. Es ist das Mineralsalz für gesunde Haut, Haare und Nägel und gilt in der Biochemie als wichtiges Regenerationsmittel.

- Eine Schwangerschaft kann eine sehr schöne Zeit voller Freude und Wohlbefinden sein, aber auch sehr intensiv. Denn innerhalb kurzer Zeit treten bei der schwangeren Frau verschiedene körperliche und seelische Veränderungen auf, speziell im Bereich von Bindegewebe, Knochen und Blutkreislauf. Manchmal kommen auch Beschwerden wie etwa Übelkeit und Erbrechen, Verstopfung oder depressive Stimmungen dazu. In der Schwangerschaft wird aus Sicherheitsgründen möglichst ganz auf synthetische Medikamente verzichtet. Auch naturheilkundliche Verfahren dürfen in der Schwangerschaft nur nach eingehender Prüfung auf Unbedenklichkeit und Verträglichkeit eingesetzt werden. Schüßler-Salze sind jedoch sehr gut verträglich. **Allgemein sollten Sie jede Selbstbehandlung mit Ihrer Frauenärztin besprechen!**

Wie wirkt das Schwangerschaftsmittel?

JSO Bicomplex 22 unterstützt die bessere Verwertung von Nährstoffen, Mineralstoffen und Vitaminen in der Schwangerschaft. Es ist das Hauptmittel bei Schwangerschaftsbeschwerden. JSO Bicomplex 22 dient der Erhaltung der Gewebselastizität, fördert die Elastizität der Geburtswege sowie die Rückbildung nach der Geburt.

Einsatzmöglichkeiten

Zur Begleitung in der Schwangerschaft, zur Gewebekräftigung; zur Vorbeugung von Schwangerschaftsbeschwerden, wie Schwangerschaftsstreifen, Venenerschlaffung, Überdehnung des Bindegewebes, Lymphstauungen; unterstützend bei Schwangerschaftserbrechen und Eisenmangel, Anämie.

Konstitutionsmittel

Diese fünf Mineralsalze wirken zusammen:
Calcium fluoratum D12
Ferrum phosphoricum D12
Kalium sulfuricum D6
Natrium chloratum D6
Silicea D12
Das Konstitutionsmittel ist in der Apotheke unter dem Namen **JSO Bicomplex 23** (PZN 0545047) erhältlich.

Calcium fluoratum stärkt das Binde- und Stützgewebe. Es fördert das Knochenwachstum und die Jodaufnahme der Schilddrüse. Ein Mangel führt zu Drüsenverhärtungen und einer Erschlaffung der elastischen Fasern in der Haut.

Ferrum phosphoricum ist an der Energiegewinnung in den Zellen beteiligt und ist zuständig für den Sauerstofftransport. Eisen ist in allen Körperzellen enthalten. Kennzeichen eines Eisenmangels sind Blutarmut und Störungen des Immunsystems.

Kalium sulfuricum fördert Entgiftungsvorgänge im Körper, speziell im Leber-Galle-System. Es verbessert die Hautfunktion und aktiviert allgemein den Zellstoffwechsel. In der Biochemie ist es zudem das Mittel bei chronischen Entzündungen mit gelblich-schleimiger Absonderung.

Natrium chloratum ist das Mittel für den Wasser- und Säure-Basen-Haushalt. Es fördert die Verdauungskraft und die Zellregeneration. Das Mittel hat sich bewährt bei Katarrhen mit wässrigen Absonderungen und wässrigen Drüsenschwellungen.

Silicea gibt dem Gewebe Festigkeit und Widerstandskraft. Kieselsäure kommt in allen Zellen vor und gilt als wichtiges

Regenerationsmittel für Haut, Haare und Nägel. Störungen im Silicea-Haushalt beschleunigen das frühzeitige Altern und verschlechtern allgemein die körperliche Verfassung.

- Unter der Konstitution versteht man die Gesamtheit aller angeborenen Eigenschaften sowie die Anlagen eines Menschen. Schon in der Antike gab es eine Art Konstitutionslehre. Je nach »Säftemischung« im Körper wurden vier Typen unterschieden: Choleriker, Melancholiker, Phlegmatiker und Sanguiniker. Die meisten ganzheitlichen Verfahren (z. B. Homöopathie, Ayurveda) beziehen die Konstitution eines Patienten in die Behandlung mit ein und versuchen dessen Konstitution zu stärken bzw. Belastungen auszugleichen.

Wie wirkt das Konstitutionsmittel?

JSO Bicomplex 23 ist das Basismittel in der Konstitutionsbehandlung. Es wirkt auf das Lymph- und Drüsensystem sowie auf Blut und Immunsystem. JSO Bicomplex 23 unterstützt die Reinigung von Lymphsystem und Schleimhäuten. Ziel ist eine stabile und widerstandsfähige Konstitution.

Einsatzmöglichkeiten

Konstitutionsbedingte Schwäche, zur Stärkung der Konstitution; zur Stärkung und Stabilisierung von Blut, Drüsen und Stoffwechsel; konstitutionelle Neigung zu Katarrhen und Entzündungen der Atemwege, Neigung zu Schleimhaukatarrhen und Drüsenschwellungen, zur Stabilisierung des Lymph- und Abwehrsystems, zur Abwehrsteigerung, Lymphreinigung.

Ausscheidungsmittel

Diese vier Mineralsalze wirken zusammen:
Ferrum phosphoricum D12
Kalium chloratum D6
Natrium phosphoricum D6
Natrium sulfuricum D6
Das Ausscheidungsmittel ist in der Apotheke unter dem Namen **JSO Bicomplex 24** (PZN 0545053) erhältlich.

Ferrum phosphoricum aktiviert die Zellatmung. Eisen ist dafür verantwortlich, Sauerstoff in jede Zelle zu transportieren und damit maßgeblich an der Energiegewinnung und der Anregung des Stoffwechsels beteiligt. In der Biochemie ist Ferrum phosphoricum das Mittel bei akuten Katarrhen und fieberhaften Infekten.

Kalium chloratum verfügt über entgiftende Eigenschaften und regt den Lymphfluss an. Es fördert die Ausscheidung von Medikamentenrückständen, Narkosemitteln und anderen belastenden Substanzen.

Natrium phosphoricum regt die Ausscheidungsorgane Leber, Galle und Nieren an. Große Bedeutung kommt dem Mineralsalz bei der Neutralisation von Säuren zu. Es unterstützt die Balance des Säure-Basen-Haushaltes und fördert die Ausscheidung von Harnsäure.

Natrium sulfuricum ist in der Biochemie das wichtigste Mittel für Ausleitung und Ausscheidung. Es fördert die Ausscheidung von überschüssigem Wasser, regt den Gallefluss und die Darmperistaltik an und fördert damit die Ausscheidung über den Darm. In der Biochemie hat sich Natrium sulfuricum bewährt zur allgemeinen Entgiftungstherapie von Stoffwechselendprodukten, Medikamenten und Genussmitteln.

- Der Organismus besitzt mehrere Wege und Systeme für die Ausscheidung und Entgiftung. Dazu gehören Blutkreislauf, Lungen, Lymphsystem, Leber, Darm und Niere. Eine Überlastung des Körpers mit Stoffwechselendprodukten, Eiweißüberschüssen oder Säuren führt zu einer Blockade im Bindegewebe. Belastende Stoffe bleiben dann im Gewebe liegen. Das kann wichtige Körperfunktionen behindern, weil die Zellen durch die Überfüllung im Bindegewebe nicht mehr optimal mit Sauerstoff und Nährstoffen versorgt werden. Biochemische Salze greifen regulierend ein und unterstützen die Reinigung des Gewebes.

Wie wirkt das Ausscheidungsmittel?

JSO Bicomplex 24 aktiviert alle Ausscheidungsprozesse im Organismus. Es wirkt auf Zellen, Organe und Gewebe. JSO Bicomplex 24 verhindert, dass unerwünschte Stoffe im Körper zurückbleiben und den Stoffwechsel belasten.

Einsatzmöglichkeiten

Zur Verbesserung und Anregung der Ausscheidung, Ausleitung und Entgiftung; Ausscheidungsschwäche bei überlastetem Stoffwechsel, Katarrhe der oberen Atemwege, übermäßiges Schwitzen durch eine gestörte Ausscheidung, übel riechende Schweiße, Hautjucken, Begleitmittel bei Blasenentzündung, zur Vorbeugung und Nachbehandlung von Nierensteinen.

Wassersuchtmittel

Diese vier Mineralsalze wirken zusammen:
Kalium arsenicosum D6
Kalium chloratum D6
Kalium phosphoricum D6
Natrium sulfuricum D6
Das Wassersuchtmittel ist in der Apotheke unter dem Namen **JSO Bicomplex 25** (PZN 0545076) erhältlich.

Kalium arsenicosum wird eingesetzt bei Wasseransammlungen, die bei chronischen Nierenerkrankungen auftreten können. Da die Nieren überfordert sind, wird die Haut als Ausleitungsventil eingesetzt. Deshalb sind Hauterkrankungen, häufig verbunden mit Juckreiz, bei diesem Mittel typisch. Menschen, die Kalium arsenicosum benötigen, sind sehr kälteempfindlich und frostig. Wetterwechsel wird schlecht vertragen.

Kalium chloratum regt den Lymphfluss an, aktiviert den Zellstoffwechsel und die Funktion der Drüsen. Bei einem gestörten Kalium-chloratum-Haushalt können subakute oder chronische Katarrhe im Urogenitalbereich auftreten sowie Eiweißspuren im Urin. Lymphatische Gesichtsschwellungen, speziell im Bereich der Augenlider, deuten ebenfalls auf eine Störung hin.

Kalium phosphoricum unterstützt als Energiemittel der Körperzellen die Wasserabsonderung. Bei Erschöpfungszuständen wirkt es neben den Nervenzellen auch auf die Muskelzellen des Herzens und kann damit dessen Pumpkraft stärken.

Natrium sulfuricum zieht Flüssigkeit aus den Zellen und schwemmt diese über die Nieren aus. Das Mineralsalz hat darüber hinaus einen engen Bezug zum Leber-Galle-System, indem es den Gallefluss anregt. Eine Störung im Natrium-sulfuricum-Haushalt zeigt sich in Form von angeschwollenen Augen und Tränensäcken.

- Häufige Ursache für Wasseransammlungen im Gewebe (Ödeme) sind chronische Herz-Kreislauf-Erkrankungen, Nieren- oder Lebererkrankungen. Diese Krankheiten benötigen eine ursächliche Therapie; biochemische Mineralsalze können unterstützend gegeben werden. Störungen im Flüssigkeitshaushalt des Körpers können jedoch auch durch Belastungen des Stoffwechsels mit Abfallprodukten und Säuren entstehen. Denn bei einem Übermaß an Säuren und anderen belastenden Substanzen greift der Wasserhaushalt regulierend ein: Je mehr Säuren und andere Schadstoffe im Bindegewebe gelagert sind, umso mehr Flüssigkeit wird dort gespeichert und gebunden, um die unerwünschten Stoffe zu verdünnen. Die biochemischen Mineralsalze sind sehr hilfreich, um diese Störungen zu beheben.

Wie wirkt das Wassersuchtmittel?

JSO Bicomplex 25 ist das Hauptmittel bei Ödemen. Es holt überschüssiges Wasser aus allen betroffenen Geweben und bringt es zur Ausscheidung. JSO Bicomplex 25 wirkt positiv auf Leber, Niere und Herz und entlastet den Stoffwechsel.

Einsatzmöglichkeiten

Wasseransammlungen im Gewebe, Ausscheidungsstörungen bei Stoffwechselbelastungen, unterstützend bei Ödemen im Zusammenhang mit Herzschwäche; Nieren- und Lebererkrankungen, Eierstockzysten.

Blasenmittel

Diese vier Mineralsalze wirken zusammen:
Calcium phosphoricum D6
Kalium phosphoricum D6
Magnesium phosphoricum D6
Natrium chloratum D6
Das Blasenmittel ist in der Apotheke unter dem Namen **JSO Bicomplex 26** (PZN 0545082) erhältlich.

Calcium phosphoricum gilt als das Aufbausalz in der Biochemie. Es wirkt auf den Eiweißstoffwechsel und stärkt das Blasengewebe, insbesondere im Zusammenhang mit dem Eiweißaufbau der Zellen. Bei Harnwegsinfekten kann Eiweiß im Urin nachweisbar sein.

Kalium phosphoricum hat eine enge Beziehung zum Nervensystem. Es hat sich bei Blasenschwäche und Reizblase bewährt, um den nervalen Tonus zu regulieren.

Magnesium phosphoricum setzt den Tonus der glatten Muskulatur herab. Das Mineralsalz wird eingesetzt bei Reizblase, Blasenkrampf und häufigem Harndrang.

Natrium chloratum reguliert den Säure-Basen-Haushalt. Typisch bei einem Defizit an diesem Mineralsalz ist der brennende Schmerz bei Blasenentzündung.

- Die Blase dient als Reservoir für den Harn (auch als Urin bezeichnet), der von den Nieren gebildet wird. Sie ist ein Hohlorgan mit einer Wand aus Muskulatur, Nerven und Blutgefäßen und innen mit einer Schleimhaut ausgekleidet. Pro Tag werden etwa eineinhalb bis zwei Liter Urin gebildet, je nach Trinkmenge. Der Urin besteht zu über 90 % aus Wasser; weitere Inhaltsstoffe sind Harnstoff, Harnsäure, Kreatinin, verschiedene Salze und Vitamine. Frauen leiden häufiger unter Blaseninfekten, weil die weibliche Harnröhre mit 3 bis 4 cm wesentlich kürzer ist als die des Mannes; Bakterien können dadurch sehr rasch in die Blase aufsteigen und Entzündungen verursachen. Anzeichen einer Blasenentzündung sind Brennen, starker Harndrang, Schmerzen beim Wasserlassen, Blut im Urin und gelegentlich Fieber.

Wie wirkt das Blasenmittel?

JSO Bicomplex 26 ist das Hauptmittel bei Störungen und Erkrankungen der Blase. Bewährt hat es sich bei akuten Blasenentzündungen und -reizungen sowie bei Rezidivneigung. Die Wirkung von JSO

Bicomplex 26 zielt auf die Kräftigung von Schleimhaut und Muskulatur der Blase sowie die Regulierung der nervalen Versorgung der Blase. Mittel- bis langfristig kann JSO Bicomplex 26 bakterielle Infekte verhindern.

Einsatzmöglichkeiten
Reizblase, akute Blasenentzündung, Blasenkrampf, Blasenschwäche, Neigung zu chronischen Blasenkatarrhen, bei Neigung zu rezidivierenden Infekten und Blasenkatarrhen, Bettnässen.

Lebermittel

Diese vier Mineralsalze wirken zusammen:
Magnesium phosphoricum D6
Natrium chloratum D6
Natrium sulfuricum D6
Silicea D12
Das Lebermittel ist in der Apotheke unter dem Namen **JSO Bicomplex 27** (PZN 0545099) erhältlich.

Magnesium phosphoricum verbessert den Gallefluss und beeinflusst den Cholesterinspiegel. Das Mineralsalz wirkt entkrampfend auf die Gallengänge.

Natrium chloratum hat die Aufgabe, die im Stoffwechsel freigewordenen Stoffe und das daran gebundene Wasser auszuscheiden und damit die Entgiftung zu unterstützen. Menschen mit einem gestörten Natrium-chloratum-Stoffwechsel haben oft ein ausgeprägtes Verlangen nach kräftig gesalzenen oder stark gewürzten Speisen.

Natrium sulfuricum fördert die Aktivität und Arbeitsfähigkeit der Leber sowie den Gallenfluss. In der Biochemie hat sich das Salz bewährt als Ausscheidungsmittel von Giftstoffen, Medikamenten und Genussgiften.

Silicea hat eine übergeordnete Funktion als Katalysator für den Gesamtstoffwechsel. Es befindet sich in allen Körperzellen und reduziert zudem die Harnsäure im Blut.

- Die Leber ist das zentrale Stoffwechselorgan des Körpers. Sie wird wegen ihrer Leistungsfähigkeit auch als »chemische Fabrik« bezeichnet. Ihre wichtigsten Aufgaben sind die Produktion von Gallensaft für die Fettverdauung und die Entgiftung des Körpers von Stoffwechselendprodukten, Alkohol und Medikamenten. Die Gallenblase dient als Speicher für den Gallensaft. Latente Störungen der Leber sind in den Blutlaboruntersuchungen häufig, zumindest am Anfang, nicht nachweisbar. Sie äußern sich nicht in Schmerzen, sondern eher in Form von Müdigkeit und Energiemangel. Weitere Kennzeichen sind die Unverträglichkeit bestimmter Nahrungsmittel, z. B. fette Speisen sowie Völlegefühl, Blähungen oder Kopfschmerzen nach dem Essen.

Wie wirkt das Lebermittel?

JSO Bicomplex 27 ist das Basismittel bei allen Leber-Galle-Leiden. Es beeinflusst Störungen der Leberaktivität positiv und verbessert die Fettverdauung. Durch die Anregung von Ausleitung und Entgiftung wird das Leber-Galle-System entlastet.

Einsatzmöglichkeiten

Leber-Galle-Leiden, Störungen der Fettverdauung, bei Unverträglichkeit fetter Speisen, Fettleber, Kopfschmerzen nach fettem Essen, zur Unterstützung von Entgiftungsprozessen, Afterjucken, unterstützend bei Leberentzündung (Hepatitis), Gelbsucht, Hämorrhoiden.

Lymphmittel

Diese fünf Mineralsalze wirken zusammen:
Calcium fluoratum D12
Calcium phosphoricum D6
Kalium jodatum D6
Natrium chloratum D6
Silicea D12
Das Lymphmittel ist in der Apotheke unter dem Namen **JSO Bicomplex 28** (PZN 0545107) erhältlich.

Calcium fluoratum stabilisiert die Lymphdrüsen und -gefäße. Es verbessert den Lymphfluss und wirkt auf verhärtete Drüsen. Ein Defizit an diesem Mineralsalz führt zu Gewebeverhärtungen. Bei Calcium fluoratum handelt es sich um ein Mittel, das sehr langsam wirkt und daher über längere Zeit eingenommen werden sollte.

Calcium phosphoricum hat einen Bezug zum gesamten Lymphsystem. Typisch bei einem gestörten Calcium-phosphoricum-Haushalt sind gutartige Wucherungen von lymphatischem Gewebe im Nasen-Rachen-Raum, wie z. B. Polypen (vergrößerte Rachenmandeln).

Kalium jodatum reguliert die Drüsen und das Drüsensystem. Aufgrund seines Jodanteils wirkt es auf die Schilddrüse und gehört zu den wichtigsten biochemischen Mineralsalzen bei Schilddrüsenfunktionsstörungen.

Natrium chloratum ist zuständig für den Wasserhaushalt und den Säure-Basen-Haushalt. Es reguliert die Körperflüssigkeiten und kann Stauungen beseitigen.

Silicea wirkt reinigend und entstauend auf das Lymphsystem. Das Mineralsalz verbessert die Abwehr, in dem es die Bildung der weißen Blutkörperchen Leuko- und Lymphozyten unterstützt.

- Das Lymphsystem besteht aus dem lymphatischen Gewebe und den Lymphgefäßen. Letztere durchziehen unseren Körper von Kopf bis Fuß und erfüllen dabei wichtige Abwehr- und Filterfunktionen. Nicht vergessen werden sollte auch, dass sich 80 % des gesamten lymphatischen Gewebes im Darmkanal befindet. Wie man heute weiß, besitzt das darmassoziierte Immunsystem eine Schlüsselstellung in der körpereigenen Abwehr. Die Naturheilkunde betrachtet das Lymphsystem als ein sehr wichtiges Ausleitungsorgan, das bei vielen Krankheiten wie Abwehrschwäche, bei Entzündungen der Haut, Kreislaufstörungen sowie rheumatischen Erkrankungen den Heilungsverlauf wirkungsvoll unterstützen kann.

Wie wirkt das Lymphmittel?
JSO Bicomplex 28 wirkt auf die Lymphdrüsen, die Lymphgefäße und den Lymphfluss. Arbeitet das Lymphsystem nicht regelrecht, kann das zu Stauungen und chronischen Katarrhen der Schleimhäute führen. JSO Bicomplex 28 unterstützt die Reinigungs- und Entgiftungsfunktion des Lymphsystems und wird zudem eingesetzt bei Schilddrüsenfunktionsstörungen.

Einsatzmöglichkeiten
Stauungen im Lymphsystem, Schilddrüsenstörungen, rezidivierende Katarrhe und Erkrankungen der Atemwege, Infektanfälligkeit, Neigung zu gutartigen Wucherungen wie vergrößerte Rachen- oder Gaumenmandeln, Lymphdrüsenverhärtungen.

Muskelmittel

Diese sechs Mineralsalze wirken zusammen:
Calcium fluoratum D12
Calcium phosphoricum D6
Ferrum phosphoricum D6
Kalium sulfuricum D6
Natrium chloratum D6
Silicea D12
Das Muskelmittel ist in der Apotheke unter dem Namen **JSO Bicomplex 29** (PZN 0545113) erhältlich.

Calcium fluoratum findet sich in den elastischen Fasern, in Sehnen und Bändern. Es fördert die Auflösung von Gefäßverhärtungen und optimiert die Spannung des Herzmuskels. Kennzeichen einer Störung ist ein Elastizitätsverlust der Blutgefäße, der sich in Form von Arterienverkalkung äußern kann.

Calcium phosphoricum verbessert den Muskelstoffwechsel. In der Biochemie hat es sich bewährt bei Muskelkrämpfen, die durch Überlastung entstehen.

Ferrum phosphoricum hat große Bedeutung für die Sauerstoffversorgung des Gewebes. Speziell die Muskulatur ist auf eine sehr gute Versorgung mit Sauerstoff angewiesen, weil sie stark durchblutet ist. Ein Defizit an Eisen führt zu einer Erschlaffung der Muskulatur.

Kalium sulfuricum verbessert den Muskelstoffwechsel durch Förderung der Ausscheidung und Ausleitung. Es bewirkt das Herausschleusen von Stoffwechselendprodukten aus den Muskelzellen und verhindert damit Sauerstoff- und Energiemangel.

Natrium chloratum beeinflusst den Säure-Basen-Haushalt der Muskulatur. Es regt die Zellerregbarkeit von Muskeln und Nerven an.

Silicea wird in der Biochemie eingesetzt bei Muskelerschlaffung und Bänderschwäche. Es fördert die Ausleitung von abgelagerten Säuren, insbesondere von Harnsäure.

- Ohne Muskulatur könnte sich der Mensch nicht bewegen. Nach ihrem Aussehen unter dem Mikroskop unterscheidet man eine quergestreifte und glatte Muskulatur. Die quergestreifte Muskulatur, die zum Stütz- und Bewegungsapparat gehört, kann bewusst mit unserem Willen gesteuert werden. Die glatte Muskulatur von Herz oder Darm hingegen wird von speziellen Zellen oder vom vegetativen Nervensystem gesteuert. Auch die Blutgefäße sind mit einer glatten Muskelschicht ausgestattet. Arterien haben eine stärkere Muskelschicht als die Venen. Sie erlaubt es, dass sich die Gefäße erweitern und eng stellen können.

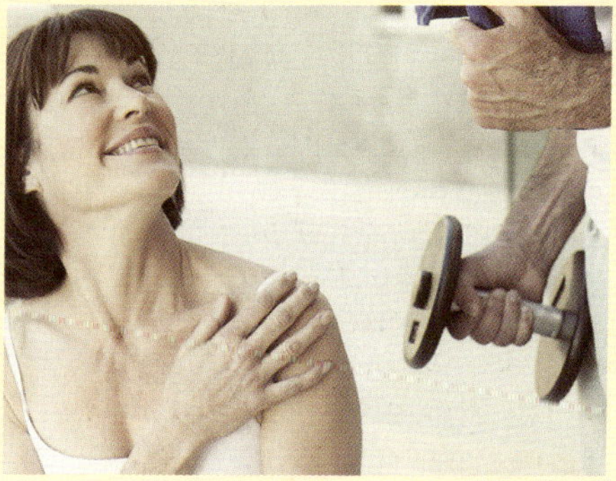

Wie wirkt das Muskelmittel?

JSO Bicomplex 29 unterstützt den Muskelstoffwechsel. Es ist das Basismittel bei einem gestörten Muskeltonus. JSO Bicomplex 29 findet Anwendung bei Muskel- und Energieschwäche. Es nimmt Einfluss auf den Tonus und verbessert die Muskelspannung. Es wirkt regulierend auf den Blutdruck, indem es einen bestehenden Bluthochdruck senkt und einen niedrigen Blutdruck anhebt.

Einsatzmöglichkeiten

Zur Anregung des Muskelstoffwechsels, Muskelverhärtungen, Verspannungen, zur Regulierung des Blutdrucks, Muskelerschlaffung, Blasensenkung, Schwäche des Blasenschließmuskels, Gebärmuttersenkung, Lid-Erschlaffung, zur Stärkung der Atemmuskulatur.

Zahnmittel

Diese vier Mineralsalze wirken zusammen:
Calcium fluoratum D12
Calcium phosphoricum D6
Kalium chloratum D6
Silicea D12
Das Zahnmittel ist in der Apotheke unter dem Namen **JSO Bicomplex 30** (PZN 0545136) erhältlich.

Calcium fluoratum dient der Gesunderhaltung der Zähne. Kalzium findet sich im Zahnschmelz und unterstützt Aufbau, Erhalt und Festigung der Zähne. In der Biochemie ist Calcium fluoratum das wichtigste Mittel für den Aufbau der Knochen und der Zahnbildung. Es wird eingesetzt bei Knochen- und Zahnerkrankungen, berührungsempfindlichen Zähnen sowie Neigung zu Karies.

Calcium phosphoricum wird aufgrund seiner Wirkeigenschaften bei allen Zahnerkrankungen eingesetzt. Es hat sich ebenfalls bewährt, wenn Beschwerden bei der Zahnbildung auftreten. Es ist das Mittel in der Biochemie für diese Phase, weil es die Zahnentwicklung und den Durchbruch der Zähne fördert.

Kalium chloratum fördert die Ausscheidung von Giften. In der Biochemie rät man deshalb bei größeren Eingriffen, das Mittel als Schutz drei Tage vor und einen Tag nach einem Zahnarztbesuch einzunehmen.

Silicea verbessert die Zahnsubstanz und erhöht die Vitamin- und Mineralstoffaufnahme aus der Nahrung.

- Das Milchgebiss des Kindes umfasst 20 Zähne, während das Gebiss des Erwachsenen aus 32 Zähnen besteht. Die Zähne sind wichtig für die mechanische Zerkleinerung der Nahrung. Um Karies vorzubeugen und die Zähne ein Leben lang gesund zu halten, sind eine gute Zahnpflege, eine gesunde Ernährung mit wenig Zucker sowie halbjährliche Kontrollen beim Zahnarzt notwendig. Die biochemischen Mineralsalze festigen die Zähne und verbessern den Zahnstoffwechsel.

Wie wirkt das Zahnmittel?

JSO Bicomplex 30 ist das Hauptmittel bei allen Zahnbeschwerden. Besonders bewährt hat es sich bei Zahnungsproblemen und zur Verbesserung des Zahnstoffwechsels. Da die Zähne ebenso wie die Knochen einen vergleichsweise langsamen Stoffwechsel besitzen, sollte das Zahnmittel über einen längeren Zeitraum genommen werden.

Jahrzehntelange Erfahrungen mit JSO Bicomplex 30 haben die gute Verträglichkeit des Arzneimittels bei Kindern belegt, spezifische Nebenwirkungen sind nicht bekannt geworden. Allerdings wurde keine einschlägige wissenschaftliche Studie durchgeführt. Daher wird im Beipackzettel sicherheitshalber – wie nach den Zulassungsmodalitäten vorgeschrieben – der verpflichtende Hinweis gegeben, dass eine Anwendung bei Kindern unter 12 Jahren nicht erfolgen sollte.

Einsatzmöglichkeiten

Zahnungsprobleme, zur Unterstützung des Zahnstoffwechsels und Kräftigung des Zahnschmelzes, bei Neigung zu Karies, zur Vermeidung frühzeitigen Zahnzerfalls, Aphthen, unterstützend bei Parodontose.

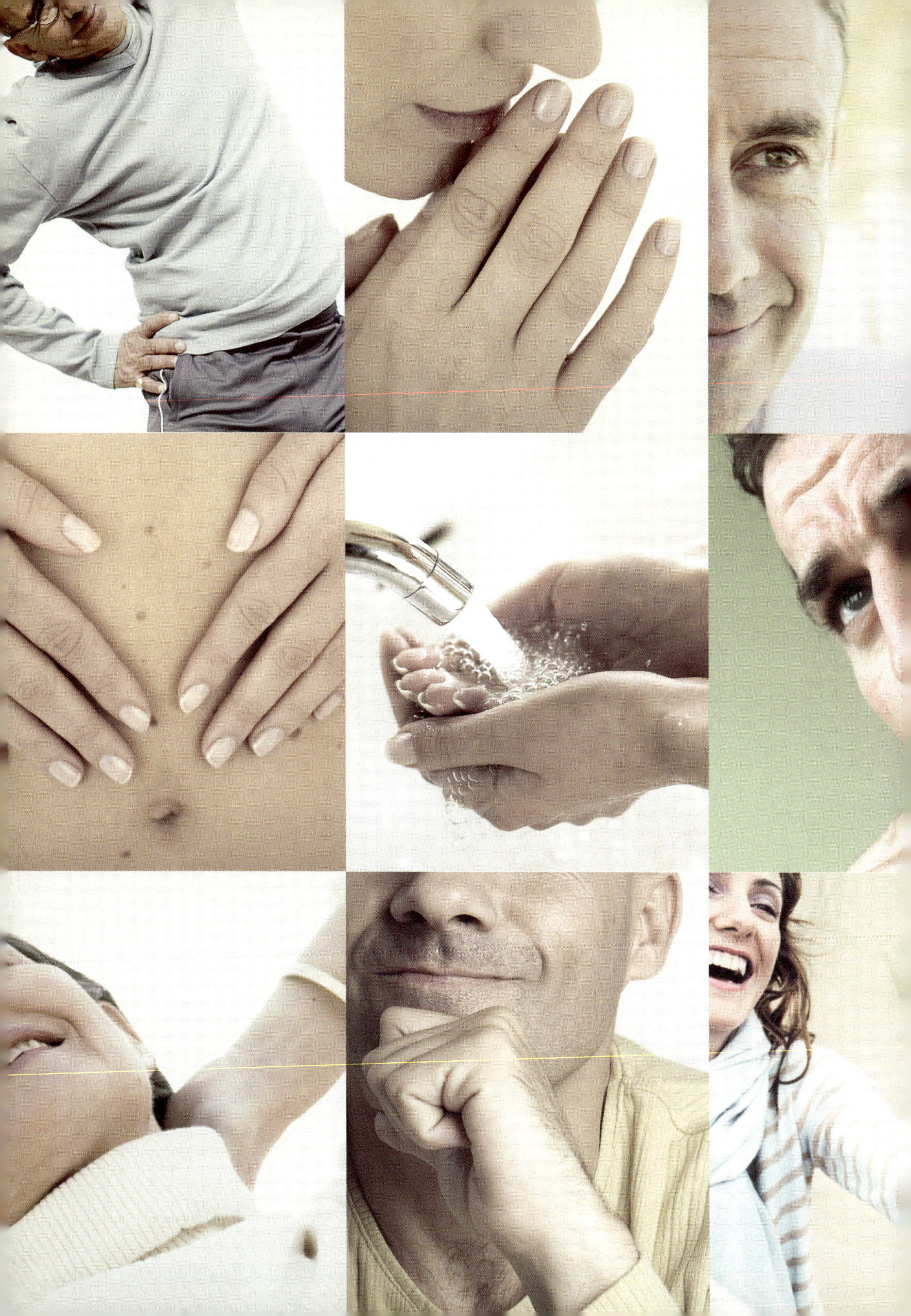

Beschwerden von A–Z

Beschwerden von A–Z

»Allgemeines Wohlbefinden und Psyche« bis
»Zähne, Mund und Rachen«

Allgemeines Wohlbefinden und Psyche

Abwehrschwäche

Eine Schwäche des körpereigenen Immunsystems äußert sich meist durch immer wiederkehrende Entzündungen der oberen und unteren Atemwege, denn dort treten die Krankheitserreger ein und müssen zuallererst hier abgewehrt werden. Typisch sind Schleimhautentzündungen im Nasen-Rachen-Raum, Nasennebenhöhlenentzündungen, Husten oder eitrige Erkrankungen im Mittelohr.

- Welches Mittel hilft?
  Hauptmittel für eine generelle Steigerung der Abwehr ist das **Schleimhautmittel** (JSO Bicomplex 21). Dieses Mittel stärkt das gesamte Schleimhautsystem des Körpers, das eine unserer wichtigsten Abwehrmöglichkeiten gegen Krankheitserreger ist. Daher ist das Schleimhautmittel vor allem bei einer generellen Neigung und besonders bei chronischen Entzündungen angezeigt. In diesen Fällen empfiehlt sich eine Dosierung von drei- bis viermal täglich zwei bis drei Tabletten. Das **Blutmittel** (JSO Bicomplex 2) kann in der Endphase eines Infekts bereits wieder zur Vorbeugung gegen eine erneute Entzündung eingenommen werden. Es verbessert die Qualität des Blutes und damit die Versorgung aller Körperzellen, also auch der Abwehrzellen. Als Dosierung ist empfohlen dreimal täglich zwei Tabletten einzunehmen.

- Was Sie begleitend tun können:
  Achten Sie auf Ihre Ernährung und auf ausreichend Bewegung an der frischen Luft. Auf dem Speiseplan sollten viel frisches Obst und Gemüse sowie Vollkornprodukte stehen, so garantieren Sie eine ausreichende Versorgung mit allen lebensnotwendigen Vitaminen und Mineralstoffen. Eine gezielte Zufuhr von bestimmten Vitaminen und Mineralstoffen in Form von Nahrungsergänzungspräparaten ist nur bei einem nachgewiesenen Mangel ratsam. Außerdem regen Wechselduschen und Saunieren das Immunsystem an.

Angstzustände

Angst ist sehr oft das Resultat von Überforderung, und Überforderung wiederum von Überlastung. Beruflicher und/oder privater Stress führen früher oder später zu nervösen Störungen, also zu Beschwerden, die das Nervensystem betreffen. Der Betroffene ist dann nicht fähig, flexibel und voller Tatendrang auf die Anforderungen des Alltags zu reagieren. Stattdessen stellen sich Schlafstörungen, Angstzustände oder gar Depressionen ein.

- Welches Mittel hilft?
  Das **Nerven- und Gehirnmittel** (JSO Bicomplex 19) ist regelrechte Nervennahrung und stabilisiert den Stoffwechsel des gesamten Nervensystems, so dass nervöse Reizungen besser verarbeitet werden können. Der Mensch wird wieder stressresistenter. Empfohlen wird eine mehrwöchige oder mehrmonatige Einnahme von zwei bis dreimal täglich ein bis drei Tabletten. Es ist auch gut bei Kindern einsetzbar.

- Was Sie begleitend tun können:
  Auch wenn es schwer fällt, sich selbst und vor allem anderen gegenüber ein Gefühl der Überforderung oder gar Angst vor dem Alltag einzugestehen – darüber zu reden hilft am wirkungsvollsten. Sollten die Angstzustände so massiv sein, dass sie Sie in Ihrem alltäglichen Leben lähmen, sollten Sie mit einem Therapeuten darüber sprechen.

Antriebsschwäche

Eine Antriebsschwäche, vor allem eine länger anhaltende, resultiert häufig aus einer Erschöpfung oder medizinisch Neurasthenie genannten Kraftlosigkeit, zum Beispiel nach einer lang andauernden Belastung. Deshalb ist die Therapie langwierig und verfolgt das Ziel die Energiereserven des Körpers auf allen Ebenen neu aufzuladen.

- Welches Mittel hilft?
  Das **Kräftigungsmittel** (JSO Bicomplex 18) wirkt durch seine spezielle Mischung besonders stärkend auf den gesamten Körper und auf das Nervensystem. Empfohlen wird eine viertel- bis halbjährige Einnahme von zweimal täglich drei Tabletten. Eventuell kann auch eine Anämie hinter der Antriebsschwäche stecken (siehe dazu Seite 67).

- Was Sie begleitend tun können:
  Vom Arzt oder Heilpraktiker sollte eine organische Ursache für die körperliche und seelische Antriebslosigkeit ausgeschlossen werden, etwa eine Schilddrüsenunterfunktion. In der Erholungsphase helfen viel Ruhe, aber auch ausgiebige Spaziergänge an der frischen Luft und körperliche Betätigung in Maßen, die den Stoffwechsel und damit die Kraftreserven im Körper wieder in Schwung bringen. Ebenso wichtig ist, dass Sie auf eine ausgewogene Ernährung mit viel frischem Obst und Gemüse (am besten saisonal und aus der Region) achten, das Ihnen neue Energie liefert.

Depressive Verstimmung

In der dunklen Jahreszeit erlebt sie beinahe jeder zumindest einmal – diese niedergedrückte Stimmung mit einer totalen Antriebslosigkeit und einem großen Schlafbedürfnis. Meist legt sich diese Verstimmung aber nach kurzer Zeit oder einem faul verbrachten Wochenende mit ausreichend Schlaf wieder. Bei einer länger anhaltenden depressiven Stimmung, die Sie in der Bewältigung Ihres Alltags lähmt, sollten Sie auf jeden Fall mit einem Therapeuten sprechen.

- Welches Mittel hilft?
  Das **innersekretorische Mittel** (JSO Bicomplex 7) ist angezeigt, wenn der Grund für die depressive Verstimmung in einem Ungleichgewicht des Hormonsystems liegt, das sich bei Frauen auch oft in Form von Zyklusstörungen äußern kann. Daher ist es auch das Hauptmittel für das Prämenstruelle Syndrom (PMS). Meist ist eine mehrmonatige Therapie sinnvoll, mit der Einname von ein bis zwei Tabletten drei- bis viermal täglich.

  Die Nervenfunktion und überhaupt die Lebensenergie stärkt das **Kräftigungsmittel** (JSO Bicomplex 18). Dieses Mittel ist bei großer Erschöpfung und geistiger Schwäche sowie mangelnder Lebensfreude einzusetzen. Es ist eine längerfristige Therapie von einem viertel bis halben Jahr ratsam mit der Einnahme von zweimal täglich drei Tabletten.

- Was Sie begleitend tun können:
  Jeden Tag einen ausgiebigen Spaziergang an der frischen Luft machen, denn das natürliche Sonnenlicht ist der wirkungsvollste und gleichzeitig kostenlose Stimmungsaufheller. Und selbst an einem regnerischen Tag ist das Sonnenlicht heller und effektiver als das hellste künstliche Licht. Außerdem ist es ratsam Sport zu treiben, denn durch die Bewegung schüttet der Körper eigene Glückshormone aus, die ebenfalls die Stimmung deutlich bessern. Und nach dem Sport kann man sich dann ein leckeres Essen aus bewusst ausgesuchten, am besten biologisch angebauten Zutaten kochen und schmecken lassen.

Konzentrationsstörungen

Es kann vielerlei Gründe geben, warum man sich nicht auf die Art und Weise auf eine Sache konzentrieren kann, die man gerne hätte. Entweder fehlt dem Gehirn ganz einfach der nötige Sauerstoff, um optimal zu arbeiten. Oder aber Sie sind zurzeit einfach mit zu vielen verschiedenen Dingen beschäftigt und belastet, um gedanklich in Ruhe bei einer Sache zu verweilen. Versuchen Sie in einem ersten Schritt herauszufinden, womit die Konzentrationsstörungen zusammenhängen könnten. Finden Sie selbst keine logische und nahe liegende Erklärung, scheuen Sie sich nicht, sich vom Arzt oder Heilpraktiker untersuchen zu lassen.

- Welches Mittel hilft?
  Wenn die Konzentrationsstörungen in Zusammenhang mit einer Blutarmut (siehe unter Anämie Seite 67) stehen, ist das **Blutmittel** (JSO Bicomplex 2) das passende. Die empfohlene Dosie-

rung liegt bei dreimal täglich zwei Tabletten.

Stehen Ihre Symptome eher im Zusammenhang mit einer allgemeinen Schwäche und Antriebslosigkeit, die sich auch auf Ihre Nervenleistung auswirkt, dann bringt Ihnen das **Kräftigungsmittel** (JSO Bicomplex 18) wieder die nötige Lebenskraft und mit ihr die Denkkraft zurück. Nehmen Sie zweimal täglich drei Tabletten über drei bis sechs Monate.

Sind Sie momentan einfach geistig zu überreizt, weil Sie unter Stress oder Anspannung leiden? Können Sie sich nicht konzentrieren, weil Ihnen zu viel im Kopf herumschwirrt, und können Sie deshalb auch schlecht ein- und durchschlafen? Dann hilft das **Nerven- und Gehirnmittel** (JSO Bicomplex 19) dabei, das Nervensystem zu normalisieren. Empfohlen wird eine Einnahme von zwei- bis dreimal täglich ein bis drei Tabletten.

- Was Sie begleitend tun können:
  Nur in einem gesunden Körper kann auch ein gesunder Geist leben, das wussten schon die alten Römer. Geben Sie deshalb ein wenig mehr auf sich und Ihre Gesundheit acht – sowohl körperlich als auch seelisch.

Kopfschmerzen

Kopfschmerzen können sehr verschiedenartig sein und verschiedenste Ursachen haben, sie können allein oder als Begleitsymptom einer anderen Erkrankung auftreten. Erst nach einer genauen Diagnose wissen Sie, um welchen Kopfschmerz-Typ es sich bei Ihnen handelt und können das zur Grunderkrankung passende Mittel finden.

- Welches Mittel hilft?
  Gegen den typischen Spannungskopfschmerz, der in der Regel von verspannten Nackenmuskeln herrührt und sich vom Hinterkopf her ausbreitet, hilft das **Krampfmittel** (JSO Bicomplex 5). Bei starken Schmerzen können Sie im akuten Zustand alle zehn Minuten ein bis zwei Tabletten einnehmen bis eine Besserung eintritt. Lassen sich die Kopfschmerzen nicht lindern, sollten Sie sich unbedingt von einem Arzt oder Heilpraktiker untersuchen lassen.

- Was Sie begleitend tun können:
  Achten Sie bei Kopfschmerzen auf eventuell auftretende Begleitsymptome! Kommen Fieber, Übelkeit, Erbrechen und eine Nackensteifigkeit dazu, sollte vom Arzt schnellstmöglich eine Entzündung des Gehirns bzw. der Hirnhäute ausgeschlossen werden.

Müdigkeit

Eine unangemessene Müdigkeit kann Symptom einer Blutarmut (Anämie, siehe dazu Seite 67) sein, die aber wiederum zahlreiche Ursachen haben kann und daher fachmännisch abgeklärt werden sollte. Typisch für eine durch eine Blutarmut hervorgerufene Schlappheit ist eine begleitende Blässe der Haut, eventuell Kopfschmerzen aufgrund der schlechten Versorgung des Gehirns mit Sauerstoff sowie Haarausfall.

- Welches Mittel hilft?
  Das **Blutmittel** (JSO Bicomplex 2) verbessert die Qualität des Blutes und sorgt so dafür, dass der ganze Körper wieder optimal versorgt wird. So kehren Kraft und Leistungsfähigkeit zurück. Die empfohlene Dosierung liegt bei dreimal täglich zwei Tabletten.

  Ist die Müdigkeit vor allem nervös bedingt und geht mit einer nervlichen Erschöpfung einher, ist das **Kräftigungsmittel** (JSO Bicomplex 18) angezeigt. Die empfohlene Dosierung liegt bei zweimal täglich drei Tabletten, das Mittel kann über mehrere Monate bis zu einem halben Jahr genommen werden.

- Was Sie begleitend tun können:
  Begleitend zu der Therapie Ihres Arztes oder Heilpraktikers, die sich ganz nach der ursächlichen Erkrankung richtet, können Sie auf eine ausreichende körperliche Bewegung an der frischen Luft achten. Das bringt den Kreislauf in Schwung und Sauerstoff in die Lungen und damit ins Blut. Außerdem ist eine gesunde Ernährung wichtig, die Ihren Körper mit vielen Vitaminen, Mineral- und Ballaststoffen versorgt.

Nervenschwäche, nervöse Erschöpfung

Die Nerven liegen blank, beim kleinsten Anlass könnte man aus der Haut fahren, jedes unvorhergesehene Ereignis wirft einen völlig aus der Bahn. Wohl jeder kennt Situationen, in denen man nicht die nötige Nervenstärke besitzt, um das ganz normale Leben mit seinem Auf und Ab zu meistern. Zum Glück hat man sich meist nach ein paar Tagen wieder gefangen. Sollte so ein Zustand länger anhalten und Sie das Gefühl haben, überhaupt nicht mehr in Ihrem Leben zurechtzukommen, sollten Sie mit einem Arzt oder Heilpraktiker über eine längerfristige Therapie sprechen.

- Welches Mittel hilft?
  Das **Kräftigungsmittel** (JSO Bicomplex 18) kräftigt die Nerven und holt die Vitalität und nötige Flexibilität im Denken und Handeln zurück. Die empfohlene Dosierung liegt bei zweimal täglich drei Tabletten, das Mittel kann über mehrere Monate bis zu einem halben Jahr genommen werden.

- Was Sie begleitend tun können:
  Sorgen Sie zunächst für körperliche Entspannung, denn sie ist die Voraussetzung dafür, dass auch der Geist locker lassen kann. Vielleicht kennen und praktizieren Sie Yoga-Übungen oder andere körperliche Entspannungstechniken. Oder Sie machen einen strammen Spaziergang an der frischen Luft und gewinnen so ganz automatisch etwas Abstand oder Sie gönnen sich einen regelmäßigen Mittagsschlaf, ohne dass Sie von Telefon oder Türklingel geweckt werden können.

Nervöse Schlaflosigkeit

Sind Sie nervlich so überanstrengt, dass Sie abends nicht in den entspannenden Schlaf finden? Dann ist vermutlich Ihr Nervensystem derart überreizt, dass es ohne Unterstützung nicht mehr zur Ruhe kommt.

- Welches Mittel hilft?
  Das **Nerven- und Gehirnmittel** (JSO Bicomplex 19) gleicht das gereizte Nervensystem aus und sorgt für neue Harmonie. Es empfiehlt sich eine längerfristige Behandlung mit drei- bis viermal täglich ein bis zwei Tabletten.

- Was Sie begleitend tun können:
  Versuchen Sie, sich eine körperliche Entspannungstechnik anzueignen, mit deren Hilfe Sie den Tag ausklingen lassen und bereits vor dem Zubettgehen Körper und Seele zur Ruhe kommen lassen. Auch warme Bäder mit entspannenden Zusätzen aus ätherischen Ölen, zum Beispiel Lavendel oder Melisse, helfen beim Entspannen.

Nervöse Zuckungen

Nervöse Zuckungen rühren von einer Unruhe in den Muskeln her und sind eine Art Krampf der Muskulatur. Sie können in Situationen mit ganz offenkundigem seelischen oder körperlichen Stress auftreten, etwa vor einer Prüfung. Aber auch dann, wenn der Betroffene selbst keinen unmittelbaren Auslöser erkennen kann. Hinter den Zuckungen steckt eine Störung in der Kommunikation zwischen Nervensystem und Muskeln.

- Welches Mittel hilft?
  Das **Krampfmittel** (JSO Bicomplex 5) harmonisiert die Störung in der Reizleitung zwischen Nerven und Muskeln. Die Zuckungen werden damit beruhigt. Bei akuten Beschwerden können alle zehn Minuten ein bis zwei Tabletten eingenommen werden. Bei einer längerfristigen Therapie empfiehlt sich eine Einnahme von drei- bis viermal täglich ein bis zwei Tabletten.

- Was Sie begleitend tun können:
  Gegen Muskelzuckungen können Sie eigentlich wenig tun, außer abzuwarten, bis sie vorübergehen und durch die Einnahme des Krampfmittels den Energiehaushalt von Nerven und Muskeln zu unterstützen. Sollten die Zuckungen gehäuft und lang andauernd auftreten, sollten Sie sich von einem Facharzt untersuchen lassen.

Schilddrüsenstörungen

Die in der Schilddrüse produzierten und von ihr ausgeschütteten Hormone sind für den Menschen lebenswichtig, daher können Entgleisungen lebensbedrohlich werden und ein Schilddrüsen-Patient muss unbedingt von einem Endokrinologen behandelt und begleitet werden. Die Schilddrüsenhormone haben entscheidenden Anteil an einem funktionierenden Stoffwechsel und beim Wachstum. Störungen der Schilddrüse können vielgestaltige Symptome haben, so kann etwa eine Vergrößerung der Schilddrüse (Struma), im Volksmund auch Kropf genannt, sowohl von einer Unter- als auch Überfunktion ausgelöst werden, aber auch bei einer völlig normalen Funktion der Drüse auftreten.

- Welches Mittel hilft?
  Hauptmittel bei allen Störungen der Schilddrüse, sei es nun eine Über- oder eine Unterfunktion und der damit zusammenhängenden Bildung eines Kropfs (Struma) ist das **Drüsenmittel** (JSO Bicomplex 4). Es können drei- bis viermal täglich zwei bis drei Tabletten eingenommen werden.

- Was Sie begleitend tun können:
  Von einer Überfunktion der Schilddrüse betroffene Menschen empfinden kalte Waschungen und Wickel als angenehm. In der Pflanzenheilkunde werden Wolfstrapp und Herzgespann eingesetzt. Um im Gegensatz dazu den Stoffwechsel bei einer Unterfunktion in Schwung zu bringen, eignen sich Kalt-warm-Anwendungen. Zudem sollte auf eine jodreiche Ernährung mit viel Fisch geachtet werden.

Allgemeine Schwäche

Zeiten, in denen wir uns nicht bei Kräften fühlen, sind völlig normal. Typischerweise treten sie direkt nach einem tatsächlichen körperlichen und/oder seelischen Kraftakt auf, wie etwa einem Umzug oder einer schweren Infektion, und lassen sich für den Betroffenen auch erklären. Fühlen Sie sich allerdings dauerhaft stark entkräftet, sollten Sie von einem Arzt oder Heilpraktiker abklären lassen, ob eventuell organische Erkrankungen dahinter stecken.

- Welches Mittel hilft?
  Das **Kräftigungsmittel** (JSO Bicomplex 18) bewirkt, wie sein Name bereits sagt, dass der gesamte Organismus wieder regeneriert. Es bringt die Lebenskraft zurück in Körper und Seele. Bei der Behandlung empfiehlt sich meist eine langfristige Einnahme über mehrere Monate mit einer Dosierung von zweimal täglich drei Tabletten.

  Das **Blutmittel** (JSO Bicomplex 2) ist angezeigt, wenn die Schwäche aufgrund einer Blutarmut auftritt (siehe dazu auch Anämie auf Seite 67). Als Dosierung ist empfohlen dreimal täglich zwei Tabletten einzunehmen.

- Was Sie begleitend tun können:
  Tun Sie das, wovon Sie wissen, dass es Ihnen gut tut. Wenn möglich könnten Sie für ein paar Tage aussteigen und ein Wochenende ans Meer oder in die Berge fahren, ausgiebig schlafen oder sich ein besonders leckeres und kräftigendes Essen gönnen. Bauen Sie langfristig in Ihren Alltag genug Kraftoasen ein, in denen Sie neue Energie tanken können.

Schwindel

Hinter Schwindel kann eine Erkrankung im Innenohr, eine Störung im Gehirn, etwa eine Minderdurchblutung, Bluthochdruck oder zu niedriger Blutdruck, Arteriosklerose, aber auch eine Blockade der Halswirbelsäule stecken. Deshalb sollte jeder Schwindel von einem Arzt oder Heilpraktiker genauestens untersucht und diagnostiziert werden.

- Welches Mittel hilft?
  Tritt der Schwindel in der Genesungsphase nach einer schweren Erkrankung und damit zusammenhängender langer Bettruhe auf, ist das **Blutmittel** (JSO Bicomplex 2) angezeigt. Es verbessert die Qualität des Blutes und damit die Versorgung und Durchblutung der einzelnen Organe.

  Im Falle des so genannten Altersschwindels das **Gefäßmittel** (JSO Bicomplex 8), das die Fließfähigkeit des Blutes und die Elastizität der Bluttransportwege verbessert.

- Was Sie begleitend tun können:
  Für die Diagnose und damit richtige Behandlung ist eine genaue Beschreibung und Einordnung des Schwindels wichtig. Sie helfen Ihrem Therapeuten also, indem Sie sich möglichst genau notieren, wann und unter welchen Umständen der Schwindel auftritt, besonders schlimm ist oder sich bessert. Wie lässt sich Ihr Schwindel charakterisieren? Handelt es sich um Dreh- oder Schwankschwindel? Fühlen Sie sich wie in einem Karussell oder haben Sie das Gefühl ständig zu fallen? Haben Sie weitere Begleitsymptome wie Kopfschmerzen, Übelkeit oder Erbrechen?

Augen und Ohren

Bindehautentzündung (Konjunktivitis), Bindehautreizung

Eine Entzündung der Augenbindehaut kann durch Bakterien, Pilze, Viren, Chlamydien, aber auch durch Fremdkörper, Verätzungen, Verbrennungen, Rauch, Staub, eine ungenügende Befeuchtung des Auges oder Allergien ausgelöst werden. Charakteristisch ist ein Brennen und Jucken der Augen sowie eine Rötung und ein je nach Erreger wässriges bis eitriges Sekret.

- Welches Mittel hilft?
  Das **Fiebermittel** (JSO Bicomplex 6) kann bei allen Entzündungen und somit auch bei einer Bindehautentzündung eingesetzt werden. Es enthält Einzelmittel für alle Stadien einer Entzündung. Im Akut-Stadium können alle zehn Minuten ein bis zwei Tabletten eingenommen werden, bei abklingenden Symptomen drei- bis viermal täglich ein bis zwei Tabletten.

  Das **Drüsenmittel** (JSO Bicomplex 4) kommt zum Einsatz, wenn die Bindehautreizung oder -entzündung allergisch bedingt ist. Bei akuten Beschwer-

den können bis zur Besserung alle zehn Minuten ein bis zwei Tabletten eingenommen werden; zur nachfolgenden Behandlung drei- bis viermal täglich ein bis zwei Tabletten.

- Was Sie begleitend tun können:
  Wichtig ist, herauszufinden, was die Entzündung verursacht hat, deshalb kann ein Besuch beim Augenarzt notwendig sein, der dann unter Umständen ein spezielles Medikament verschreiben kann. In der Pflanzenheilkunde ist der Augentrost (Euphrasia officinalis) das wichtigste Mittel bei Augenleiden (auch als Augentropfen in der Apotheke erhältlich).

Gerstenkorn

Beim so genannten Gerstenkorn handelt es sich um eine eitrige Infektion der Liddrüse an der Augenlidkante oder -innenseite. Die typischen Symptome sind eine starke Rötung, Schwellung und starke Schmerzen. Nach einigen Tagen wird eine Eiterkuppe sichtbar, das eigentliche Gerstenkorn, das sich nach einigen Tagen öffnet und dann abheilt. Bei wiederholt auftretenden Gerstenkörnern sollte Ihr Arzt oder Heilpraktiker einen Diabetes mellitus ausschließen.

- Welches Mittel hilft?
  Hauptmittel im Akut-Stadium ist das **Fiebermittel** (JSO Bicomplex 6). Bei starken Beschwerden können alle zehn Minuten ein bis zwei Tabletten bis zum Eintritt einer Besserung eingenommen werden, dann drei- bis viermal täglich ein bis zwei Tabletten.

  Das **Geschwürmittel** (JSO Bicomplex 14) fördert den Heilungsprozess von allen Eiterungen und Geschwüren, es ist also im eitrigen Stadium des Gerstenkorns sowie bei chronischen Gerstenkörnern angezeigt, kann aber auch mit dem Fiebermittel kombiniert werden. Bei akuten Beschwerden können stündlich zwei Tabletten eingenommen werden, zur Nachbehandlung drei- bis viermal täglich ein bis zwei Tabletten.

- Was Sie begleitend tun können:
  Warme Kompressen mit Augentrost (Euphrasia) tun gut, denn die darin enthaltenen Bitter- und Gerbstoffe wirken entzündungshemmend.

Tinnitus

Menschen, die an einem Tinnitus leiden, hören rauschende, klingende oder pfeifende Geräusche in ihrem Ohr, die nur von ihnen wahrgenommen werden. Die Ursachen dafür können entweder in einer Schädigung des Innenohrs, einer Minderdurchblutung des Ohrs oder einer Erkrankung des Innenohrs liegen, aber auch psychische Gründe haben. Daher ist eine genaue Diagnose eines Hals-Nasen-Ohren-Arztes für die richtige Therapie unabdingbar.

- Welches Mittel hilft?
  Das wichtigste Mittel ist das **Knochenmittel** (JSO Bicomplex 13), das nicht nur auf den Stoffwechsel der großen Knochen positiv wirkt, sondern auch kräftigend auf verwandte Gewebsstrukturen. Es sorgt für eine bessere Versorgung des Innenohrs. Die empfohlene Dosierung

liegt bei drei- bis viermal täglich ein bis zwei Tabletten.

Liegt die Ursache des Tinnitus in einer Minderdurchblutung des Ohrs und ist etwa durch einen zu hohen bzw. zu niedrigen Blutdruck oder eine Blutarmut ausgelöst worden, ist das **Gefäßmittel** (JSO Bicomplex 8) angezeigt. Dreimal täglich zwei Tabletten einnehmen.

Ist ein chronischer Schnupfen der Grund für den Tinnitus, ist das **Schleimhautmittel** (JSO Bicomplex 21) einzusetzen. Es hilft bei der Heilung, fördert die Abwehrtätigkeit der oberen Atemwege und empfiehlt sich besonders in der langfristigen Behandlung. In diesem Fall wird eine Dosierung von drei- bis viermal täglich ein bis zwei Tabletten empfohlen.

- Was Sie begleitend tun können:
  Verschiedene naturheilkundliche Verfahren können die Symptome lindern, informieren Sie sich am besten bei einem erfahrenen Arzt oder Heilpraktiker.

Herz und Kreislauf

Anämie

Lebenssaft – so wird das Blut auch bezeichnenderweise genannt – denn ohne Blut kein Leben im Körper. Die Qualität des Blutes bestimmt außerdem darüber, wie fit und gesund der Körper ist, denn über das Blut wird jede Körperzelle mit Sauerstoff und Nährstoffen versorgt. So äußert sich eine Blutarmut etwa in einem blassen, müden Aussehen, einer Antriebsschwäche, eventuell kommen Kopfschmerzen, Ohrensausen, Einrisse in den Mundwinkeln und weitere Symptome dazu. Ursachen für eine Anämie können vielgestaltig sein und sollten im Einzelfall auf jeden Fall durch eine Laboruntersuchung ärztlich abgeklärt werden. Häufig, gerade bei Frauen, steckt ein Eisenmangel dahinter.

- Welches Mittel hilft?
  Das Hauptmittel ist das **Blutmittel** (JSO Bicomplex 2), das die Blutbildung anregt. Es ist gut verträglich, daher auch für Kinder geeignet und kann auch genommen werden, wenn nur die Symptome auf eine Anämie schließen lassen, das Blutlabor aber (noch) in Ordnung ist. Als Dosierung ist empfohlen dreimal täglich zwei Tabletten einzunehmen.

Das **Schwangerschaftsmittel** (JSO Bicomplex 22) ist angezeigt, wenn die Anämie während der Schwangerschaft auftritt. Empfohlen wird eine Einnahme von dreimal täglich zwei Tabletten.

- Was Sie begleitend tun können:
  Die genaue Ursache einer Anämie sollte ärztlich abgeklärt sein, daraus ergibt sich dann eine spezielle Begleittherapie. Generell gilt: Sorgen Sie regelmäßig für ausreichend Bewegung an der frischen Luft und ernähren Sie sich möglichst eisenreich. Viel Eisen steckt in folgenden Nahrungsmitteln: Fleisch, Kohl, Sojabohnen, Hirse, Eiern, Sauerkraut, Bohnen, Brokkoli, Spinat, Rote-Bete-Salat, Äpfeln, Himbeeren und Vollkornbrot. Übrigens: Mit Vitamin C kann der Körper das Eisen aus der Nahrung besser aufnehmen, darum zum Fleischgericht Gemüse essen, das reich an Vitamin C ist, oder ein Glas Orangensaft trinken. Eisenräuber sind dagegen Schwarzer Tee und Kaffee.

Arteriosklerose

Bei der im Volksmund genannten Arterienverkalkung verändern sich die Wände der Arterien, sie werden dicker und härter und damit verengt sich die Gefäßlichtung. Die Arteriosklerose ist die häufigste Gefäßerkrankung überhaupt, die wegen der Minderdurchblutung zu einer ganzen Reihe von Folgeerkrankungen führt – im schlimmsten Fall zu einem akuten Gefäßverschluss, der dann einen Herzinfarkt oder Schlaganfall auslöst. Hinter der Verkalkung der Gefäße steckt eine komplexe Stoffwechselstörung des Körpers.

- Welches Mittel hilft?
  Das Hauptmittel ist das **Gefäßmittel** (JSO Bicomplex 8), das für eine Regeneration des Gewebes in den Gefäßwänden sorgt. Diese werden dadurch wieder elastischer, der bereits abgelagerte Kalk kann abgebaut und so einem Herzinfarkt oder Schlaganfall vorgebeugt werden. Bei älteren Patienten kann man das Gefäßmittel auch über Jahre hinweg geben. Die empfohlene Dosierung für eine Langzeittherapie liegt bei dreimal täglich zwei Tabletten.

  Das **Gicht- und Rheumatismusmittel** (JSO Bicomplex 9) ist eher zur Vorbeugung einzusetzen und bei einer Arteriosklerose, die mit Störungen im Säure-Basen-Haushalt einhergeht. Ein Hinweis darauf können zum Beispiel nächtliche Wadenkrämpfe sein. In diesem Fall ist eine Therapiedauer von vier bis sechs Wochen sinnvoll, empfohlen wird die Einnahme von zwei bis vier Tabletten ein- bis zweimal täglich.

- Was Sie begleitend tun können:
  Zur Basistherapie für einen Arteriosklerose-Patienten gehört eine Ernährungsumstellung auf fettarme, basenbildende Vollwertkost sowie mehr Bewegung. Eine bereits diagnostizierte Arteriosklerose sollte auf jeden Fall zusätzlich von einem Spezialisten behandelt werden.

Blutdruckprobleme (Hypertonie, Hypotonie)

Der Druck mit dem das Blut vom Herzen aus durch unseren Körper gepumpt wird, ist entscheidend für jede Funktion unseres Organismus. Denn nur wenn jede noch so entfernt liegende Körperzelle mit Blut versorgt wird, kann sie arbeiten und überleben. Probleme mit dem Blutdruck haben also weitreichende Folgen: Ein zu hoher Druck belastet auf Dauer die Gefäßwände, die ihm standhalten müssen. Bei einem zu niedrigen Druck drohen Durchblutungs- und damit Versorgungsprobleme. Beeinflusst wird der Blutdruck ebenso von vielen Faktoren. Daher gehören Blutdruckprobleme in die Hände eines erfahrenen Therapeuten, der genau diagnostizieren kann, welcher Zusammenhang bei Ihnen individuell vorliegt.

- Welches Mittel hilft?
  Bei Bluthochdruck ...
  In Verbindung mit einer Gefäßverkalkung (Arteriosklerose) das **Gefäßmittel** (JSO Bicomplex 8).
  Allgemein stützend für das bei Hochdruck stark beanspruchte Herz wirkt das **Herzmittel** (JSO Bicomplex 12), das bei nervös bedingtem Bluthochdruck angezeigt ist.
  Aufgrund einer verminderten Ausscheidung das **Nierenmittel** (JSO Bicomplex 20), denn die Niere spielt beim Thema Blutdruck eine entscheidende Rolle.

  Bei zu niedrigem Blutdruck ...
  Kräftigend auf Blut und Gefäße wirkt das **Blutmittel** (JSO Bicomplex 2), das gewählt wird, wenn der Niedrigdruck mit einer Anämie (siehe dazu Seite 67) einhergeht.
  In Folge von einer Unterfunktion des Magens und damit verbunden einer verminderten Spannung in den Gefäßen ist das **Magenmittel 2** (JSO Bicomplex 17) zu empfehlen. Ein Hinweis darauf kann Müdigkeit nach dem Essen sein.
  Steigernd auf die Nerven- und Muskelkraft des gesamten Körpers wirkt das **Kräftigungsmittel** (JSO Bicomplex 18), das genommen werden sollte, wenn gleichzeitig eine große Erschöpfung dominiert.

- Was Sie begleitend tun können:
  Vor allem Bluthochdruck-Patienten brauchen eine fachmännische Anleitung zur Begleittherapie, denn meist ist es nötig, dass sie ihre Ernährung umstellen, Stress vermeiden und Sport treiben.
  In der Regel ist ein zu niedriger Blutdruck weitaus harmloser als ein Hochdruck, vorausgesetzt er ist nicht in einer organischen Störung verankert. Auch er lässt sich durch regelmäßigen Sport und zum Beispiel Wechselduschen bessern.

Durchblutungsstörungen

Siehe unter Arteriosklerose

Herzschwäche

Die Kraft des Herzens lässt mit dem Alter nach, das ist ein ganz normaler Vorgang. Verantwortlich dafür ist die zunehmende Verkalkung der Gefäße. Aber ebenso kann auch in jüngeren Jahren aufgrund psychischer Belastungen das Herz geschwächt sein. Typischerweise denkt man dabei an einen Bluthochdruck-Patienten, der sich leicht erregt und dann Atemprobleme und stechende Schmerzen im Brustraum spürt. Bei Herzbeschwerden sollte auf jeden Fall ein Experte konsultiert werden, um eine genaue Diagnose stellen zu können.

- Welches Mittel hilft?
  Das **Herzmittel** (JSO Bicomplex 12) stärkt und reguliert das Herz und hat damit positive Auswirkungen auf das komplette Herz-Kreislauf-System. Es kann auch gut begleitend zu anderen Herzpräparaten genommen werden. Die empfohlene Dosierung liegt bei zwei- bis dreimal täglich zwei bis drei Tabletten über mehrere Wochen hinweg.

- Was Sie begleitend tun können:
  Mit am wichtigsten ist für Herzpatienten, die übergewichtig sind, das kontrollierte und gesunde Abnehmen. Denn jedes Kilo zu viel, belastet das Herz zusätzlich.

Ödeme

Von Ödemen spricht man, wenn sich Flüssigkeit im Körper ansammelt und zu Schwellungen führt. So etwa am Auge oder den Fußknöcheln. Bei der Bildung von Ödemen spielen vor allem Erkrankungen von Herz, Niere oder Leber eine entscheidende Rolle. Darum sollten von Ödemen Betroffene sich auf jeden Fall ärztlich untersuchen lassen, um abzuklären, woher die Ödeme kommen und mögliche dahinter steckende Erkrankungen behandeln lassen.

- Welches Mittel hilft?
  Hauptmittel bei der begleitenden Behandlung von Ödemen ist das **Wassersuchtmittel** (JSO Bicomplex 25), das den Körper dabei unterstützt die Flüssigkeitsansammlungen im Gewebe auszuscheiden und der Neubildung vorbeugt. Für eine längerfristige Therapie wird die Einnahme von dreimal täglich zwei bis drei Tabletten empfohlen.

- Was Sie begleitend tun können:
  Versuchen Sie Ihren Kreislauf und damit den Stoffwechsel bis ins Gewebe in Schwung zu bringen: zum Beispiel durch Wechselduschen und spezielle Venen-Gymnastik. Fragen Sie Ihren Arzt oder Heilpraktiker nach Anleitungen!

Neigung zu Thrombose

Von einer Thrombose spricht man, wenn sich ein Blutgefäß aufgrund eines sich an einem anderen Ort gebildeten Blutgerinnsels (Thrombus) teilweise oder ganz verschließt.

- Welches Mittel hilft?
  Das **Herzmittel** (JSO Bicomplex 12) erhöht unter vielen anderen positiven Wirkungen auf Herz- und Kreislaufsystem auch die Fließfähigkeit des Blutes und verhindert dadurch die Bildung von Thromben. Es wird eine Einnahme von drei- bis viermal täglich ein bis zwei Tabletten empfohlen.
  Das **Fiebermittel** (JSO Bicomplex 6) verhindert das Eindicken des Blutes. Es können drei- bis viermal täglich ein bis zwei Tabletten eingenommen werden.

- Was Sie begleitend tun können:
Bei einer akuten Thrombose besteht ein Notfall, weil immer eine Minderdurchblutung und das Absterben des der Verschlussstelle nachfolgenden Gebietes droht. Deshalb muss eine Thrombose immer ärztlich versorgt werden!

Venenerkrankungen, Krampfadern, Venenentzündungen

Die Venen sind im Körper für den Rücktransport des sauerstoffarmen, verbrauchten Blutes zum Herzen und von dort zur Lunge verantwortlich, wo es wieder mit Sauerstoff angereichert wird. Da das Blut in den Venen meist gegen die Schwerkraft nach oben transportiert werden muss, sind die Venen stark beansprucht und Venenleiden weit verbreitet. Jeder Dritte entwickelt im Laufe seines Lebens geschlängelte und erweiterte Venen, auch Krampfadern genannt. Eine Entzündung der Venen zeigt sich durch eine schmerzhafte, gerötete Schwellung und sollte in fachmännische Behandlung.

- Welches Mittel hilft?
Bei einer akuten Venenentzündung ist das **Fiebermittel** (JSO Bicomplex 6) angezeigt. Es kann bei starken Beschwerden alle zehn Minuten eingenommen werden, je ein bis zwei Tabletten; nach Eintritt einer Besserung drei- bis viermal täglich zwei bis drei Tabletten.

Zur langfristigen Erhaltung der Gefäße, wie es bei Krampfadern wichtig ist, kommt das **Gefäßmittel** (JSO Bicomplex 8) zum Einsatz. Es regeneriert die Blutgefäße und macht sie wieder elastisch.

- Was Sie begleitend tun können:
Beim Krampfaderleiden helfen regelmäßige Knie- und Schenkelgüsse und Wassertreten die Venenwände straff zu halten. Langes Sitzen oder Stehen sollte nach Möglichkeit gänzlich vermieden werden, stattdessen viel Bewegung und in Ruhe die Beine hochlegen.

Haut, Haare und Hände

Akne

Bei der so genannten Akne kommt es zu Eiterungen in den Talgdrüsengängen der Haut, die sich leicht entzünden und häufig vernarbend abheilen. Es gibt verschiedene Formen der Akne, am bekanntesten und häufigsten ist die hormonell bedingte Acne vulgaris, die überwiegend in der Pubertät beginnt und in Gesicht, auf Nacken, Brust und Rücken auftritt.

- Welches Mittel hilft?
  Das **Hautmittel** (JSO Bicomplex 11) ist ein umfassendes Regenerationsmittel für entzündete Haut. Erwachsene nehmen dreimal täglich drei Tabletten, Schulkinder dreimal täglich zwei Tabletten.

  Das **Gicht- und Rheumatismusmittel** (JSO Bicomplex 9) kann im täglichen Wechsel mit dem Hautmittel eingenommen werden, denn der Stau in den Talgdrüsen kann durch Störungen im Säure-Basen-Haushalt verursacht werden, die durch dieses Mittel gelindert werden.

- Was Sie begleitend tun können:
  Bei der Ernährung sollte auf Vollwertkost geachtet, Fastfood und fettreiches Essen dagegen gemieden werden. Von Akne betroffene Menschen sollten zwar jeden Tag an die frische Luft, ausgiebige Sonnenbäder aber meiden. Zur äußerlichen Hautpflege eignen sich entzündungshemmende Umschläge mit Stiefmütterchentee, Walnussblättersud, Eichenrinde oder Heilerde.

Gürtelrose (Herpes zoster)

Die Gürtelrose ist eine so genannte Zweiterkrankung nach einer vorangegangenen Infektion mit dem Windpocken-Virus, das zur Familie der Herpes-Viren gehört. Typisch für die Gürtelrose ist ein kleinblasiger Ausschlag, der sich in einer Ringform also gürtelähnlich um den Körper, meist einseitig am Oberkörper, bildet. Eine Gürtelrose muss vom Arzt behandelt werden!

- Welches Mittel hilft?
  Da es sich bei der Gürtelrose um eine Infektion handelt, ist wie bei allen Entzündungen das **Fiebermittel** (JSO Bicomplex 6) angezeigt. Im Akut-Stadium alle zehn Minuten ein bis zwei Tabletten bis zum Eintritt einer Besserung einnehmen, dann drei- bis viermal täglich ein bis zwei Tabletten. Das Fiebermittel kann entweder mit dem Haut- oder mit dem Krampfmittel kombiniert werden.

  Da die Haut betroffen ist, hilft das **Hautmittel** (JSO Bicomplex 11) bei der Regeneration. Es kann also besonders in der Nachbehandlung eingesetzt werden. Die empfohlene Dosierung liegt bei einer Einnahme von dreimal täglich drei Tabletten.

  Ist die Gürtelrose sehr schmerzhaft, etwa wenn sie im Gesicht auftritt und Gesichtsnerven betroffen sind, kann das **Krampfmittel** (JSO Bicomplex 5) Linderung verschaffen. Es kann im Akut-Stadium alle zehn Minuten eingenommen werden, je ein bis zwei Tabletten, bis zum Eintritt einer Besserung.

- Was Sie begleitend tun können:
  Die kleinen Bläschen der Gürtelrose platzen etwa eine Woche nachdem sie sich gebildet haben auf und bilden Krusten, da der Inhalt aber sehr infektiös ist, sollte besonders auf Hygiene geachtet werden. Kinder, die noch nicht gegen das Windpocken-Virus immun sind, können nach dem Kontakt mit dem Bläscheninhalt an Windpocken

erkranken. Also: nach jedem Kontakt die Hände waschen und die Haut mit desinfizierenden und entzündungshemmenden Mitteln wie etwa einer Zinkpaste behandeln.

Haarausfall

Unser Haupthaar besteht aus etwa 120 000 einzelnen Haaren, die täglich etwa 0,3 Millimeter wachsen. Nach etwa zwei bis acht Jahren stirbt das Haar ab, es folgt eine Ruhephase von etwa einem Vierteljahr, danach wird die Haarwurzel wieder aktiv und beginnt erneut mit der Haarproduktion. Bei Männern kommt es sehr viel häufiger vor, dass die Wachstumszyklen hormonell bedingt verkürzt sind und sie unter einem frühzeitigen und bleibenden Haarausfall leiden.

- Welches Mittel hilft?
  Das **Haarmittel** (JSO Bicomplex 10) wirkt gegen Haarausfall, indem es die Ernährung der Haarwurzel verbessert. Außerdem verlängert es die Wachstumszyklen der Haare. Empfohlen werden zwei bis drei Einnahmezyklen pro Jahr, jeweils für drei Monate mit einer Dosierung von dreimal täglich zwei Tabletten.

- Was Sie begleitend tun können:
  Es sollte von einem Arzt oder Heilpraktiker ausgeschlossen werden, dass hinter einem anhaltenden Haarausfall andere Erkrankungen stecken, etwa ein Eisenmangel, eine Schilddrüsen- oder Lebererkrankung, hormonelle oder autoimmunologische Störungen. Zwischen zwei Wochen und drei Monaten nach einer Geburt kommt es übrigens bei vielen Frauen zu einem Haarausfall, der ebenfalls mit dem veränderten Hormonhaushalt zusammenhängt, sich aber mit der Zeit wieder gibt – auch während dieser Zeit empfiehlt sich eine Behandlung mit dem Haarmittel.

Haare, brüchig, glanzlos, trocken

Haare sind für den Menschen seit jeher ein Zeichen für Schönheit und Kraft. Sieht der Kopfschmuck dagegen alles andere als vital aus, hat das nicht selten Auswirkungen auf unsere seelische Stimmung. Doch glanzloses Haar ist hauptsächlich schlecht mit Vitaminen und Mineralstoffen versorgt.

- Welches Mittel hilft?
  Das **Haarmittel** (JSO Bicomplex 10) stärkt brüchige, kraft- und glanzlose Haare, weil es die Aufnahme von Vitaminen und Mineralstoffen fördert. Empfohlen werden je nach Dauer und Stärke der Symptome zwei bis drei Einnahmezyklen pro Jahr, jeweils für drei Monate mit einer Dosierung von dreimal täglich zwei Tabletten.

  Das **Blutmittel** (JSO Bicomplex 2) ist angezeigt, wenn die brüchigen, glanzlosen Haare durch eine Anämie bedingt sind (siehe dazu Seite 67). Als Dosierung ist empfohlen dreimal täglich zwei Tabletten einzunehmen.

- Was Sie begleitend tun können:
  Achten Sie darauf, dass Ihr Körper und

damit auch Ihr Haar alle nötigen Vitamine und Mineralstoffe bekommen – bester Lieferant ist eine gesunde und ausgewogene Ernährung. Wie sehen Ihre Essgewohnheiten aus? Können Sie sich die schlechte Versorgung Ihrer Haare nicht erklären, dann scheuen Sie sich nicht, mit einer Blutuntersuchung beim Hausarzt abklären zu lassen, ob Sie ausreichend mit allen nötigen Nährstoffen versorgt sind.

Haut, blass, rissig, trocken

Eine blasse Haut, durch die eventuell die Adern gut sichtbar durchscheinen, ist ein Zeichen für eine Minderdurchblutung und damit verbunden eine schlechte Ernährung durch das Blut. Sie geht oft mit einer Blutarmut (Anämie, siehe dazu Seite 67) einher. Trockene und rissige Haut zeigt im wahrsten Sinne des Wortes, dass die Haut unflexibel ist, ihre Spannkraft verloren hat.

- Welches Mittel hilft?
  Bei blasser Haut ist das **Blutmittel** (JSO Bicomplex 2) angezeigt, das die Blutqualität verbessert und damit wiederum auch die Versorgung der Haut. Empfohlen wird eine Einnahme von dreimal täglich zwei Tabletten.

  Gegen rissige und trockene Haut hilft das **Muskelmittel** (JSO Bicomplex 29). Es erhöht die Spannkraft im Körper und befeuchtet die Haut. Das Mittel kann zwei- bis dreimal täglich eingenommen werden, jeweils ein bis drei Tabletten.

- Was Sie begleitend tun können:
  Das Austrocknen der Haut kann durch häufiges Waschen verstärkt werden. Darum zum Waschen möglichst pH-neutrale Waschemulsionen verwenden und besser duschen statt baden. Danach die Haut mit Feuchtigkeit spendenden Lotionen eincremen.

Hautausschläge

Ein klein- oder auch großflächiger Ausschlag auf der Haut kann viele Ursachen haben. Bei Kindern kann er zum Beispiel im Rahmen einer der klassischen Kinderkrankheiten auftreten. Oder aber er ist eine allergische Reaktion auf den Kontakt mit einem bestimmten Stoff. Auf jeden Fall sollte abgeklärt werden, woher der Ausschlag kommt und eine eventuell tiefer gehende Grunderkrankung behandelt werden.

- Welches Mittel hilft?
  Das **Hautmittel** (JSO Bicomplex 11) ist bei allen Erkrankungen der Haut einzusetzen. Es ist ein umfassendes Regenerationsmittel, das die Funktionen und auch überschießende Reaktionen der Haut stabilisiert. Erwachsene können dreimal täglich drei Tabletten einnehmen, Kinder jeweils eine Tablette.

- Was Sie begleitend tun können:
  Tritt der Ausschlag als allergische Reaktion auf, gilt es natürlich den auslösenden Stoff, das kann ein Nahrungsmittel ebenso aber auch ein neues Waschmittel sein, zu meiden.

Hautjucken

Ein starker Juckreiz ist sehr oft das erste und manchmal auch das einzige Zeichen vieler Haut- aber auch Allgemeinerkrankungen. Zum Beispiel tritt Juckreiz auf bei Neurodermitis, Schuppenflechte, Pilzinfektionen, Insektenstichen, aber auch als Reaktion auf Medikamente. Für eine Diagnose ist es für Arzt oder Heilpraktiker deshalb wichtig zu wissen, wann und wo der Juckreiz genau auftritt und ob noch andere Beschwerden neben dem Juckreiz bestehen.

- Welches Mittel hilft?
  Das Hauptmittel bei Hautjucken ist das **Hautmittel** (JSO Bicomplex 11), das neben der Regeneration der erkrankten Haut auch starken Juckreiz mildert. Erwachsene können dreimal täglich drei Tabletten einnehmen, Schulkinder jeweils zwei und Kleinkinder jeweils eine Tablette.

  Im täglichen Wechsel mit dem Hautmittel kann das **Ausscheidungsmittel** (JSO Bicomplex 24) eingenommen werden, da der Juckreiz durch nicht ausgeschiedene Giftstoffe im Körper verursacht werden kann. Empfohlene Dosierung: drei- bis viermal täglich ein bis zwei Tabletten.

- Was Sie begleitend tun können:
  Starken Juckreiz lindern Waschungen mit kaltem Essigwasser. Außerdem sollte die Kleidung möglichst weich sein und nicht zusätzlich auf der empfindlichen Haut kratzen.

Nagelbrüchigkeit

Nägel werden in den meisten Fällen deshalb brüchig, weil sie einfach zu oft mit Wasser und Chemikalien wie etwa Nagellackentferner in Kontakt kommen. Es kann aber auch eine Mangelversorgung von Vitaminen (vor allem A und B) oder von Eisen dahinter stecken.

- Welches Mittel hilft?
  Das **Haarmittel** (JSO Bicomplex 10) macht nicht nur das Haar glänzender und beugt Haarausfall vor, sondern gibt auch den Nägeln ihre Festigkeit zurück. Es wird eine längerfristige Einnahme von mehreren Wochen mit einer Dosierung von dreimal täglich zwei Tabletten empfohlen.

- Was Sie begleitend tun können:
  Je nachdem welche Ursache bei Ihnen persönlich für die Nagelbrüchigkeit vorliegt, kann es helfen, wenn Sie Ihre Hände bei häufigem Wasserkontakt mit Handschuhen schützen. Bei einer Mangelernährung sollten Sie selbstverständlich auf Ihre Ernährung achten und besonders Lebensmittel essen, in denen die fehlenden Vitamine enthalten sind.

Polypen des Nasen-/Rachenraums

Bei den Nasenpolypen handelt es sich um eine Vorwölbung der Schleimhaut, die durch chronischen Schnupfen und Nasennebenhöhlenentzündungen gefördert wird. Bei den Rachenpolypen handelt es sich meist um eine Vergrößerung der Rachenmandel, die zum lymphatischen System gehört und von der fast ausschließlich Kinder betroffen sind. Allerdings gibt es auch im Rachenbereich echte Polypen.

- Welches Mittel hilft?
  Das **Schleimhautmittel** (JSO Bicomplex 21) bei Nasenpolypen, die ja häufig aufgrund von chronischem Schnupfen und Entzündungen der Nasennebenhöhlen entstehen. Das Mittel kräftigt das gesamte Schleimhautsystem. Empfohlen wird eine Einnahme von drei- bis viermal täglich ein bis zwei Tabletten.

  Das **Lymphmittel** (JSO Bicomplex 28) ist angezeigt, wenn die Rachenmandel betroffen ist, die zum lymphatischen System gehört. Mit dem Lymphmittel bilden sich Vergrößerungen zurück und das Gewebe wird gestärkt. Für eine langfristige Therapie wird, je nach Alter des Patienten, eine Dosierung von dreimal täglich ein bis zwei Tabletten empfohlen.

- Was Sie begleitend tun können:
  Nasenspülungen mit einer 0,9-prozentigen Kochsalzlösung reinigen und stärken die Schleimhäute. Regelmäßig durchgeführt stärken sie so die Abwehr.

Schuppenflechte (Psoriasis)

Bei der Schuppenflechte handelt es sich um eine chronische, meist in Schüben verlaufende Hauterkrankung. Typisch sind die rötlichen, entzündeten Herde auf der Haut, die von silbrig glänzenden Schuppen bedeckt sind.

- Welches Mittel hilft?
  Hauptmittel für alle Erkrankungen der Haut und somit auch für die Schuppenflechte ist das **Hautmittel** (JSO Bicomplex 11). Es stabilisiert die Funktion der Haut, unterstützt die Heilung akuter Hautentzündungen und behindert deren erneute Bildung. Bei der Behandlung empfiehlt sich eine Einnahme über mindestens drei Monate oder länger. Die Dosierung liegt bei dreimal täglich zwei Tabletten.

- Was Sie begleitend tun können:
  Der Verlauf einer Schuppenflechte kann nachweislich durch eine Umstellung auf Vollwerternährung mit einem hohen Anteil an Rohkost positiv beeinflusst werden. Zucker, zuckerhaltige und sehr fette Nahrungsmittel sollten eher gemieden werden, ebenso Säurehaltiges wie Zitrusfrüchte, Alkohol und Kaffee.

Schweißneigung

Über die Haut und ganz besonders die Schweißbildung reguliert der Körper seine Temperatur. Gleichzeitig hat die Haut auch eine wichtige Ausscheidungsfunktion. Die Schweißdrüsen sind über die gesamte Körperoberfläche verteilt. Normalerweise verliert der Körper, ohne dass wir es bemerken, einen halben Liter Flüssigkeit pro Tag über den Körperschweiß. Bei starkem Fieber können es dagegen bis zu fünf Liter pro Tag sein.

- Welches Mittel hilft?
  Das **Hautmittel** (JSO Bicomplex 11) hat einen ausgleichenden Einfluss auf die

gesamte Tätigkeit der Haut, wozu auch die Schweißbildung gehört. Dreimal täglich zwei Tabletten einnehmen.

Aber auch das **Ausscheidungsmittel** (JSO Bicomplex 24) kann bei einer übermäßigen Schweißbildung zum Einsatz kommen, wenn dahinter eine Störung der Ausscheidungsfunktion des Körpers steckt. Typisch dafür sind übel riechende Schweiße. Empfohlene Dosierung: drei- bis viermal täglich zwei bis drei Tabletten.

- Was Sie begleitend tun können:
So schwer es manchmal zu ertragen ist – Sie sollten auf keinen Fall die Schweißbildung unterdrücken, etwa die Schweißdrüsen der Achselhöhle operativ absaugen lassen. Stattdessen muss die zugrunde liegende Störung von einem Arzt oder Heilpraktiker behandelt werden.

Zähne, Mund und Rachen

Aphthen

Bei dieser entzündlichen Erkrankung der Mundschleimhaut bilden sich linsenkerngroße, gelblich-weiße Flecken. In den meisten Fällen treten Aphthen immer wieder auf und sind harmlos. Allerdings können sie auch auf einen beginnenden Vitaminmangel oder eine Mangelernährung hinweisen, und Sie sollten sich im Zweifelsfall dahingehend untersuchen lassen.

- Welches Mittel hilft?
Das **Zahnmittel** (JSO Bicomplex 30) wirkt nicht nur beim Zahnen und damit verbundenen Beschwerden, sondern auch bei allen Entzündungen im Mundraum. Es können mehrmals täglich zwei bis drei Tabletten über einen Zeitraum von sechs bis acht Wochen eingenommen werden. Stellt sich keine Besserung ein, sollten Sie sich von einem Zahnarzt untersuchen lassen. Bringt auch diese Untersuchung keine Gewissheit über den Grund für die Aphthen, sind auch noch Verdauungsprobleme eine mögliche Ursache.

- Was Sie begleitend tun können:
Liegt die Ursache der Aphthen in einem Vitaminmangel oder einer Mangelernährung, ist dieser bzw. diese natürlich

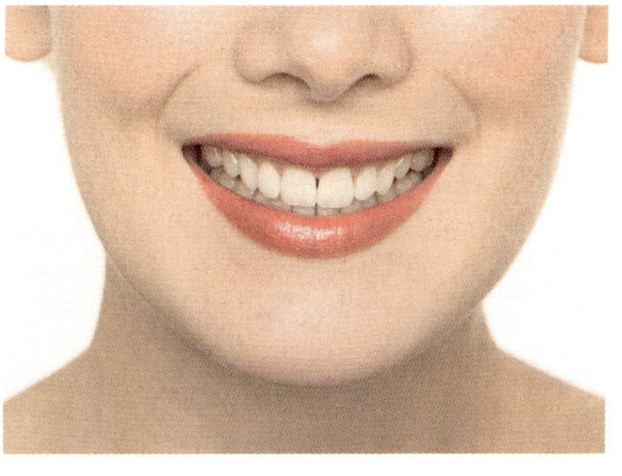

vorrangig zu beheben. Ansonsten liegt der Hauptzweck einer Begleitbehandlung auf einer Linderung der Schmerzen vor allem beim Essen. Meiden Sie stark gewürzte, vor allem sehr salzige oder scharfkantige Speisen. Am ehesten werden Sie Flüssiges zu sich nehmen wollen. Milch und Schwarzer Tee können den Schmerz lindern.

Mandelentzündung (Angina tonsillaris)

Kennzeichnend für eine Mandelentzündung ist ihr meist plötzlicher und heftiger Beginn. Schluckbeschwerden, Halsschmerzen, verstärkter Fluss von Speichel, kombiniert mit einem schlechten Allgemeinbefinden, Kopfschmerzen und Fieber sind ihre Symptome. Blickt der Arzt oder Heilpraktiker in den Rachen sieht er die Gaumenmandeln gerötet und geschwollen.

- Welches Mittel hilft?
  Im Stadium der akuten Entzündung sollte das **Fiebermittel** (JSO Bicomplex 6) zum Einsatz kommen: Alle zehn Minuten ein bis zwei Tabletten bis zum Eintritt einer Besserung einnehmen, dann drei- bis viermal täglich ein bis zwei Tabletten.

  Ist die Entzündung eitrig, bilden sich also auf den Mandeln gelbliche Beläge, ist das **Geschwürmittel** (JSO Bicomplex 14) angezeigt. Während des akuten Zustandes stündlich zwei Tabletten, zur nachfolgenden Behandlung drei- bis viermal täglich ein bis zwei Tabletten.

  Treten die Mandelentzündungen immer wieder auf, hilft das **Lymphmittel** (JSO Bicomplex 28) das Abwehrsystem langfristig zu stärken. In diesem Fall ist eine längerfristige Behandlung mit dreimal täglich zwei Tabletten über mehrere Wochen empfehlenswert.

- Was Sie begleitend tun können:
  Kalte Halswickel mit Quark, Zitronenscheiben oder Salzwasser leiten die Wärme ab, wirken entzündungshemmend und lindern die Schmerzen. In der Pflanzenheilkunde werden zum Gurgeln oder Spülen des Rachens Salbei, Kamille und Arnika verwendet, die ebenfalls die Entzündung hemmen.

Mundwinkeleinrisse (Rhagaden)

Die meist schmerzhaften Einrisse an den Mundwinkeln können ein Hinweis auf eine Blutarmut (Anämie, siehe dazu Seite 67) aufgrund eines Eisenmangels sein. Lassen Sie also am besten bei Ihrem Hausarzt oder Heilpraktiker eine Blutprobe entnehmen und diese im Labor auf einen Eisenmangel hin untersuchen.

- Welches Mittel hilft?
  Das **Blutmittel** (JSO Bicomplex 2) verbessert die Qualität des Blutes und sorgt so dafür, dass der ganze Körper wieder optimal versorgt wird. So kehren Kraft und Leistungsfähigkeit zurück. Die empfohlene Dosierung liegt bei dreimal täglich zwei Tabletten.

- Was Sie begleitend tun können:
  Ernähren Sie sich möglichst eisenreich

mit: Fleisch, Geflügel, Linsen, Mangold, Spinat, Rote Bete, Zucchini, Hirse, Weizenkeime, Hafer, schwarze Beeren. Übrigens nimmt der Körper Eisen leichter in Verbindung mit Vitamin C auf, zum Essen also zum Beispiel ein Glas Orangensaft trinken. Regelrechte Eisenräuber sind dagegen Kaffee, Schwarzer Tee, Cola, Kakao und Rotwein – diese also meiden.

Atemwege und Erkältungskrankheiten

Asthma

Wörtlich übersetzt bedeutet Asthma »das schwere Atemholen«. Und diese im wörtlichen Sinne plötzlich auftretende, akute und für den Betroffenen als lebensbedrohlich empfundene Atemnot haben auch alle Formen des Asthmas gemein. Zu unterscheiden sind sie nach ihren auslösenden Ursachen. So wird das allergische Asthma zum Beispiel durch das Einatmen von Allergenen wie etwa Tierhaaren oder Pflanzenpollen hervorgerufen. Beim Asthma handelt es sich um eine der häufigsten chronischen Erkrankungen überhaupt, etwa vier bis fünf Prozent der Bevölkerung sind betroffen, Tendenz steigend.

- Welches Mittel hilft?
  Das Hauptmittel für Erkrankungen der Atemwege ganz allgemein und damit auch für Asthma ist das **Hustenmittel** (JSO Bicomplex 15). Empfohlen wird eine Einnahme von drei- bis viermal täglich ein bis zwei Tabletten.

  Bei Asthma bronchiale hilft das **Krampfmittel** (JSO Bicomplex 5) gegen die typischerweise anfallsartig auftretende Verengung der Atemwege und die damit verbundene Atemnot. In einem akuten Stadium können alle zehn Minuten ein bis zwei Tabletten genommen werden. Für die Langzeittherapie sind drei- bis viermal täglich ein bis zwei Tabletten sinnvoll. Beide Mittel, also Husten- und Krampfmittel können auch im täglichen Wechsel eingenommen werde.

- Was Sie begleitend tun können:
  In einem akuten Asthma-Anfall ist die für den Betroffenen lebensbedrohlich empfundene Atemnot das vorherrschende Symptom. Daher muss er eine Körperhaltung einnehmen, die ihm das Atmen erleichtert – zum Beispiel mit nach vorne gebeugtem Oberkörper und aufgestützten Armen. Jeder Asthmatiker sollte kontinuierlich ärztlich begleitet

werden und für den Notfall entsprechende Medikamente (zum Beispiel ein Atemspray) bei sich tragen.

Erkältung

Ein oder zwei Erkältungen im Jahr sind für einen gesunden Menschen völlig normal und auch gut. Denn nur so kann das Immunsystem des Körpers die neuesten Erreger kennen lernen und Antikörper gegen sie entwickeln. Das ist auch der Grund, warum Kleinkinder noch viel häufiger an Infekten der oberen und unteren Atemwege erkranken. Ihr Abwehrsystem ist noch ganz jung und unbedarft. Bei wiederholt auftretenden Erkältungen siehe auch Abwehrschwäche auf Seite 58.

- Welches Mittel hilft?
  Das **Fiebermittel** (JSO Bicomplex 6) als Mittel für alle akuten Entzündungszustände ist auch bei einer beginnenden Erkältung das Hauptmittel. Bei akuten Beschwerden können alle zehn Minuten ein bis zwei Tabletten eingenommen werden, bei abklingenden Symptomen drei- bis viermal täglich ein bis zwei Tabletten. Sind vor allem die oberen Atemwege betroffen, kann es auch kombiniert mit dem Schleimhautmittel (JSO Bicomplex 21) eingenommen werden.

  Das **Schleimhautmittel** (JSO Bicomplex 21) stärkt entzündete Schleimhäute, hilft bei der Heilung und fördert die Abwehrtätigkeit der oberen Atemwege. Es empfiehlt sich also vor allem dann, wenn der Schnupfen das Hauptsymptom der Erkältung ist. Dafür wird eine Dosierung von drei- bis viermal täglich ein bis zwei Tabletten empfohlen.

  Sind die Erreger bereits tiefer gewandert und haben die Bronchien erreicht, ist das **Hustenmittel** (JSO Bicomplex 15) angezeigt, das die Heilung der Atemwege beschleunigt und die Regeneration des Gewebes unterstützt. Bei akuten Beschwerden können alle zehn Minuten ein bis zwei Tabletten eingenommen werden. Bessern sich die Hustenbeschwerden, wird eine Einnahme von drei- bis viermal täglich ein bis zwei Tabletten über mehrere Wochen empfohlen. Das Hustenmittel kann ebenfalls mit dem Fiebermittel kombiniert werden.

- Was Sie begleitend tun können:
  Ihrem Körper Ruhe gönnen, dann kann er sich auf das Wichtigste konzentrieren: das körpereigene Immunsystem gegen die Erreger mobilisieren. Versorgen Sie sich mit viel frischem Obst und Gemüse und vitaminreicher Kost. Mit Inhalationen halten Sie die Atemwege feucht und machen sie frei.

Heiserkeit

Eine akute Heiserkeit tritt als Begleitsymptom bei einer Entzündung der oberen Atemwege auf, zum Beispiel im Rahmen eines grippalen Infekts oder einer Mandelentzündung. Sie kann aber auch die Folge einer Überlastung der Stimmbänder sein oder auf eine Erkrankung im Kehlkopf hinweisen. Hält sich die Heiserkeit länger als drei Wochen, sollten Sie sich von einem Hals-Nasen-Ohren-Arzt untersuchen lassen.

- Welches Mittel hilft?
  Das Hauptmittel bei allen Entzündungen, wie sie auch bei einer Heiserkeit in Zusammenhang mit einem grippalen Infekt zugrunde liegt, ist das **Fiebermittel** (JSO Bicomplex 6). Im Akut-Stadium alle zehn Minuten ein bis zwei Tabletten bis zum Eintritt einer Besserung einnehmen, dann drei- bis viermal täglich ein bis zwei Tabletten.

  Das **Schleimhautmittel** (JSO Bicomplex 21) fördert das gesamte Schleimhautsystem, das in den oberen Atemwegen zur ersten Station der Körperabwehr gehört und wird vor allem zur Nachbehandlung der Heiserkeit eingesetzt. Drei- bis viermal täglich ein bis zwei Tabletten einnehmen.

- Was Sie begleitend tun können:
  Schonen Sie Ihre Stimme, indem Sie am besten so wenig wie möglich sprechen! Wenn es Ihnen angenehm ist, hilft das Inhalieren einer Kochsalzlösung (ein Teelöffel Salz auf einen Liter kochendes Wasser), die Schleimhaut im Rachen feucht zu halten.

Heuschnupfen

Bei Heuschnupfen handelt es sich um eine allergische Reaktion auf bestimmte Pflanzenpollen. Darum beschränkt er sich in der Regel auf die jeweilige Blütezeit der Bäume, Sträucher und Gräser, gegen die der Betroffene allergisch ist. Ein allergischer Schnupfen kann aber auch durch Nahrungsmittel, Hausstaubmilben, Tierhaare oder anderes ausgelöst werden. Charakteristisch sind Niesattacken, eine starke Beeinträchtigung der Atmung durch die Nase, ein Jucken in Nase und eventuell Augen sowie wässriges Nasensekret.

- Welches Mittel hilft?
  Das **Schleimhautmittel** (JSO Bicomplex 21) unterstützt alle Schleimhautsysteme des Körpers, ganz besonders aber die im Bereich der oberen Atemwege, die ja beim Heuschnupfen stark beansprucht sind. Bei akuten Beschwerden können alle zehn Minuten ein bis zwei Tabletten eingenommen werden. Zur nachfolgenden Therapie empfiehlt sich eine Dosierung von drei- bis viermal täglich ein bis zwei Tabletten.

  In der akuten Phase des Heuschnupfens kann das Schleimhautmittel auch mit dem **Fiebermittel** (JSO Bicomplex 6) kombiniert werden. Alle zehn Minuten ein bis zwei Tabletten bis zum Eintritt einer Besserung einnehmen, dann drei- bis viermal täglich ein bis zwei Tabletten.

- Was Sie begleitend tun können:
  Sie sollten bei einem Allergietest herausfinden lassen, gegen welche Stoffe Sie genau allergisch sind. Die Therapie der ersten Wahl ist es dann den auslösenden Stoff zu meiden. Doch ganz wird das gerade beim Heuschnupfen nicht möglich sein. So genannte Pollenflugkalender, die es in Apotheken gibt, geben zumindest Aufschluss darüber, wann

die Hauptblütezeit der jeweiligen Pflanze ist und Sie können in diesen Zeiten entsprechend reagieren. Auf lange Sicht kann gerade bei Allergien eine naturheilkundliche Therapie Erfolge bringen.

Husten (Bronchitis)

Mit Beginn der nasskalten Jahreszeit kommt meist auch der Husten, bei dem sich die Bronchien entzünden (Bronchitis). Vorausgegangen sind meist Schnupfen, Hals-, Kopf- und Gliederschmerzen, bis sich dann ein zunächst trockener Husten entwickelt, mit der Zeit hustet der Patient immer mehr zähen Schleim aus den Bronchien ab. Siehe dazu auch Asthma auf Seite 79.

- Welches Mittel hilft?
  Das Hauptmittel ist das **Hustenmittel** (JSO Bicomplex 15), das die Heilung bei Entzündungen der Atemwege beschleunigt und die Regeneration des Gewebes unterstützt. Bei akuten Beschwerden, etwa im Rahmen einer Erkältung, können alle zehn Minuten ein bis zwei Tabletten eingenommen werden. Bessern sich die Hustenbeschwerden, wird eine Einnahme von drei- bis viermal täglich ein bis zwei Tabletten über mehrere Wochen empfohlen.

- Was Sie begleitend tun können:
  Achten Sie darauf, ausreichend zu trinken. Denn mit der Flüssigkeit kann sich der zähe Schleim lösen und abgehustet werden. Milch am besten meiden, weil sie zusätzlich verschleimt. Das Inhalieren einer Kochsalzlösung (ein Teelöffel Salz auf einen Liter heißes Wasser) oder heißem Wasser mit ätherischen Ölen (etwa Eukalyptus) macht die Atemwege frei. Außerdem sind warme Brustwickel, zum Beispiel mit Quark, gut. Achtung: Säuglinge und Kleinkinder dürfen nicht in Kontakt mit reizenden ätherischen Ölen wie zum Beispiel Kampfer oder Menthol kommen. Nur Präparate verwenden, die ausdrücklich für die Altersgruppe geeignet sind!

Nasennebenhöhlenentzündung (Sinusitis)

Vorausgegangen ist immer ein Schnupfen, dessen Erreger in eine oder alle Nebenhöhlen der Nase aufgestiegen sind. Je nachdem welche der insgesamt vier Nebenhöhlen betroffen ist, unterscheiden sich auch die Symptome: Schmerzen in der Stirnregion und den Augenwinkeln sind ebenso möglich wie ein Druckgefühl an der Nasenwurzel, pochende Schmerzen im Bereich der Kieferhöhlen bis zur Schläfenregion.

- Welches Mittel hilft?
  Bei einer akuten Entzündung kommt das **Fiebermittel** (JSO Bicomplex 6) zum Einsatz. Es hilft dem Körper bei der Bekämpfung der Entzündungserreger. Im Falle starker Schmerzen oder Beschwerden können alle zehn Minuten ein bis zwei Tabletten bis zum Eintritt einer Besserung eingenommen werden, anschließend drei- bis viermal täglich ein bis zwei Tabletten.

Das **Schleimhautmittel** (JSO Bicomplex 21) hat sich vor allem bei immer wiederkehrenden oder chronischen Entzündungen der Nasennebenhöhlen bewährt. Es kräftigt das gesamte Schleimhautsystem, aber besonders die oberen Atemwege. Bei der Behandlung von chronischen Nasennebenhöhlenentzündungen empfiehlt sich eine längerfristige Einnahme von drei- bis viermal täglich ein bis zwei Tabletten.

- Was Sie begleitend tun können:
  Bestrahlen Sie Ihr Gesicht und vor allem die jeweilige betroffene Nasennebenhöhle mit Infrarotlicht. Entsprechende Lampen gibt es in Apotheken zum Ausleihen. Außerdem ist regelmäßiges Spazierengehen an der frischen Luft das beste Mittel, um die Heilung zu unterstützen.

Schluckauf

Das Phänomen des Schluckaufs entsteht, wenn das Zwerchfell, auf dem die beiden Lungenflügel aufsitzen und das wesentlich an der Atmung beteiligt ist, krampft.

- Welches Mittel hilft?
  Das **Krampfmittel** (JSO Bicomplex 5) wirkt bei allen Arten von Krämpfen harmonisierend auf die beteiligten Nerven und Muskeln. Im Akut-Fall können Sie alle zehn Minuten ein bis zwei Tabletten nehmen.

- Was Sie begleitend tun können:
  Zum Schluckauf kursieren wohl die merkwürdigsten Hausmittel, wie etwa an glatzköpfige Männer zu denken oder sich erschrecken zu lassen. Ziel all dieser Ratschläge ist es, den Nerv, der für den Krampf des Zwerchfells verantwortlich ist, wiederum so zu irritieren, dass er mit seiner Fehlsteuerung des Zwerchfells aufhört.

Schnupfen

Die Nase juckt, brennt und läuft, die Nasenschleimhaut ist angeschwollen und man bekommt nur schlecht Luft, man fühlt sich elend und möchte sich am liebsten verkriechen – das sind die typischen Symptome eines Schnupfens.

- Welches Mittel hilft?
  Im akuten Stadium des Schnupfens, der ja durch eine meist virusbedingte Entzündung der Nasenschleimhaut ausgelöst wird, hilft das **Fiebermittel** (JSO Bicomplex 6). Es kann bei starken Beschwerden alle zehn Minuten eingenommen werden, je ein bis zwei Tabletten; nach Eintritt einer Besserung drei- bis viermal täglich ein bis zwei Tabletten.

  Das **Schleimhautmittel** (JSO Bicomplex 21) stärkt entzündete Schleimhäute, hilft bei der Heilung und fördert die Abwehrtätigkeit der oberen Atemwege. Es empfiehlt sich also vor allem auch in der langfristigen Behandlung von immer wiederkehrendem Schnupfen. In diesem Fall wird eine Dosierung von drei- bis viermal täglich ein bis zwei Tabletten empfohlen.

Das **Hustenmittel** (JSO Bicomplex 15) kommt zum Einsatz, wenn der Schnupfen im Rahmen einer Erkältung, also eines so genannten grippalen Infekts auftritt. Das bedeutet, dass weitere Symptome wie etwa Halsschmerzen, Husten, Kopf- und Gliederschmerzen dazukommen, die zeigen, dass die Erreger in die tieferen Atemwege abgewandert sind. Im akuten Stadium können alle zehn Minuten ein bis zwei Tabletten eingenommen werden; danach drei- bis viermal täglich ein bis zwei Tabletten.

- Was Sie begleitend tun können:
  Bestrahlen Sie Ihre Nase mit Infrarotlicht, entsprechende Lampen gibt es in Apotheken zum Ausleihen. Ebenso lindert Inhalieren mit einer Kochsalzlösung (einen Teelöffel Salz auf einen Liter heißes Wasser) die Beschwerden. Gönnen Sie sich zudem viel frisches Obst und achten Sie darauf, dass Sie warme Füße haben.

Niere und Harnwege

Blasenentzündung

Frauen sind besonders häufig von der Entzündung der Blasenschleimhaut oder allgemein Harnwegsinfekten betroffen. Die Symptome sind häufiger Harndrang mit kleiner Urinmenge, Schmerzen beim Wasserlassen und eventuell Blut im Urin. In den allermeisten Fällen sind Kolibakterien oder Enterokokken aus dem Verdauungstrakt Auslöser einer Harnwegsentzündung.

- Welches Mittel hilft?
  Hauptmittel für die Akut-Phase der Entzündung ist das **Fiebermittel** (JSO Bicomplex 6). Im Akut-Stadium können alle zehn Minuten ein bis zwei Tabletten eingenommen werden, bis eine Besserung eintritt; bei abklingenden Symptomen drei- bis viermal täglich ein bis zwei Tabletten.

Bei chronisch auftretenden Harnwegsinfekten oder in der Nachbehandlung und Genesungsphase nach einer überstandenen Erkrankung ist das **Blasenmittel** (JSO Bicomplex 26) angezeigt. Dreimal täglich zwei Tabletten einnehmen noch acht bis zehn Tage lang über das Abklingen der Symptome hinaus.

Ein sehr gutes Begleitmittel bei einer Blasenentzündung ist das **Ausschei-**

dungsmittel (JSO Bicomplex 24). Das Mittel fördert die Reinigungs- und Regenerationsprozesse der betroffenen Schleimhaut und wirkt auf die einzelne Schleimhautzelle. Die empfohlene Dosierung: akut alle zehn Minuten ein bis zwei Tabletten, zur Nachfolge-Behandlung drei- bis viermal täglich ein bis zwei Tabletten.

- Was Sie begleitend tun können:
  Wärme tut gut, vor allem die Füße sollten immer warm sein, dabei helfen zum Beispiel aufsteigende Fußbäder. Außerdem sollte viel getrunken werden, um die Harnwege durch- und die Erreger auszuspülen. In der Pflanzenheilkunde werden vor allem Birke, Goldrute und Ackerschachtelhalm eingesetzt. Achtung: Stellt sich nach zwei bis drei Tagen keine Besserung ein, sollten Sie sich auf jeden Fall untersuchen lassen, um ein Aufsteigen der Entzündung in die Nieren zu verhindern.

Nierenentzündung

Eine Entzündung der Nieren wird vom Betroffenen selbst oft als Rückenschmerzen falsch interpretiert. Sie muss auf jeden Fall von einem Arzt untersucht und behandelt werden, da sie ernste Folgeerkrankungen nach sich ziehen und die Nierenfunktion unwiderruflich schädigen kann. Sie geht oft einher mit Fieber, Schüttelfrost, Übelkeit, eventuell Erbrechen und heftigen Schmerzen. Eine Behandlung mit Bicomplex-Mitteln kann daher nur begleitend eingesetzt werden.

- Welches Mittel hilft?
  Hauptmittel ist das **Nierenmittel** (JSO Bicomplex 20), das Mittel für alle Stadien der Entzündung enthält und somit optimal die Abwehr der Erreger stärkt. Bei akuten Beschwerden sollten alle zehn Minuten ein bis zwei Tabletten eingenommen werden, tritt eine Besserung ein und zur nachfolgenden Behandlung drei- bis viermal täglich ein bis zwei Tabletten.

  Das **Fiebermittel** (JSO Bicomplex 6) kann als akutes Entzündungsmittel mit dem Nierenmittel kombiniert werden.

- Was Sie begleitend tun können:
  Absolute Bettruhe ist bei einer Nierenentzündung oberstes Gebot. Außerdem sollte der Betroffene mindestens zwei Liter Flüssigkeit pro Tag trinken.

Nierensteine

Männer sind häufiger von Steinen in den Harnwegen betroffen als Frauen. Probleme machen sie erst dann, wenn sie sich auf Wanderschaft begeben und der Körper sie ausschwemmen will. Dann treten Nierenkoliken mit heftigsten Schmerzen auf. Gebildet werden Nierensteine bei einer zu hohen Konzentration von bestimmten Inhaltsstoffen des Harns. Zuerst sind es kleine Kristalle, aus denen dann immer größere Steine werden. Begünstigen können die Bildung unterschiedlichste Faktoren – etwa bakterielle Infektionen, eine eiweiß- und fettreiche Ernährung, zu geringe Trinkmengen oder Störungen im Hormonhaushalt. Entsprechend ist die Zusammensetzung der Steine entweder aus Kalzium, Harnsäure oder anderen Stoffen.

- Welches Mittel hilft?
  Zur Vorbeugung und zur Nachbehandlung von Nierensteinen kann das **Ausscheidungsmittel** (JSO Bicomplex 24) eingenommen werden. Die empfohlene Dosierung liegt bei drei- bis viermal täglich zwei bis drei Tabletten. Im Falle einer akuten Nierensteinkolik müssen Sie sich unbedingt von einem Arzt oder Heilpraktiker behandeln lassen.

- Was Sie begleitend tun können:
  Achten Sie darauf, Alkohol, Kaffee, stark salz- und zuckerhaltige Speisen sowie tierisches Eiweiß zu meiden und sich stattdessen ballaststoffreich zu ernähren. Bei einer akuten Kolik lindert ein heißes Bad oder ein auf die Nieren gelegter warmer Heublumensack die Schmerzen. In der Pflanzenheilkunde werden vor allem Goldrute und Birke zum Durchspülen der Nieren und Harnwege verwendet.

Reizblase/Blasenschwäche

Frauen sind besonders häufig von einer Reizblase betroffen, die sie mitunter vor eine regelrechte Geduldsprobe stellt. Denn der häufige Harndrang, den eine Blasenschwäche auszeichnet, kann für die Betroffenen zu einer starken psychischen Belastung werden. Die tägliche Harnmenge ist dabei in der Regel aber nicht erhöht.

- Welches Mittel hilft?
  Hauptmittel ist das **Blasenmittel** (JSO Bicomplex 26), das das gesamte Gewebe der Blase stärkt, also sowohl Schleimhaut, als auch Muskulatur und Nerven. Es können dreimal täglich zwei Tabletten eingenommen werden.

- Was Sie begleitend tun können:
  Wichtig ist eine ärztliche Untersuchung, die organische Ursachen ausschließt. Tritt die Blasenschwäche nach einer Geburt auf, helfen spezielle Kräftigungsübungen für die Muskelgruppe des so genannten Beckenbodens, die Ihnen Hebammen oder Ärzte zeigen können.

Verdauungstrakt

Afterjucken

Bei der Behandlung von Afterjucken steht an erster Stelle die Ursachenforschung. Denn Gründe können zum Beispiel sein: Hämorrhoiden, ein Analekzem, eine Pilzinfektion, eine Entzündung des Mastdarms oder Rektums, ein Vorfall der Analschleimhaut (Analprolaps), aber auch eine Nahrungsmittelallergie oder eine Kontakt-

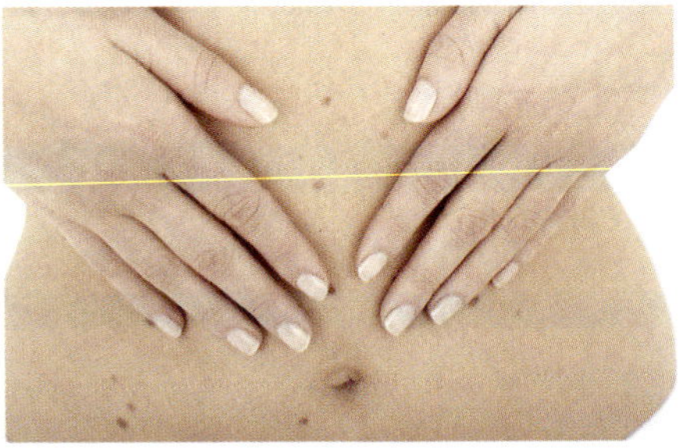

allergie etwa auf Waschmittel oder Toilettenpapier. Im Zweifelsfall sollte also eine Diagnose von einem Arzt oder Heilpraktiker gestellt werden, davon hängt dann entscheidend die Wahl des passenden Mittels und der richtigen Therapie ab.

- Welches Mittel hilft?
  Das **Abführmittel** (JSO Bicomplex 1) ist bei einer kombinierten trägen Darmfunktion, Hämorrhoiden oder bei einem Analschleimhautvorfall (Prolaps) angezeigt. Empfohlene Einnahme: dreimal täglich zwei bis drei Tabletten.

  Das **Lebermittel** (JSO Bicomplex 27) kann zum Einsatz kommen, wenn die Grundstörung, die hinter dem Symptom Afterjucken steckt, in einer Leber-Funktionsbeeinträchtigung liegt. Ein Hinweis darauf können eine Alkohol-Unverträglichkeit oder Probleme bei der Verdauung von Fett sein. In diesem Fall ist eine dreimonatige Einnahme von zweimal täglich drei Tabletten zu empfehlen.

- Was Sie begleitend tun können:
  Bei der Begleitbehandlung von Afterjucken ist entscheidend, worin die Ursache des Leidens liegt. Am besten besprechen Sie deshalb weitere Linderungsmöglichkeiten mit Ihrem behandelnden Arzt oder Heilpraktiker.

Appetitlosigkeit, Appetitstörungen

Das kurzzeitige Fehlen von Appetit auf jegliche Speisen ganz allgemein kann immer mit einer akuten Infektion einhergehen und ist dann nicht besorgniserregend. Ebenso normal ist ein nachlassender Appetit bei alten Menschen, weil der alternde Körper immer weniger Magensaft herstellt. Eine unerklärlich, länger anhaltende Appetitlosigkeit sollte hingegen auf jeden Fall von einem Arzt oder Heilpraktiker abgeklärt werden, denn sie ist immer in Verbindung mit anderen Symptomen zu beurteilen. Auch die Psyche spielt beim Thema Essen eine wichtige Rolle.

- Welches Mittel hilft?
  Das **Magenmittel 2** (JSO Bicomplex 17) ist das Hauptmittel für nachlassenden Appetit vor allem bei älteren Menschen, aber auch bei einer chronischen Entzündung der Magenschleimhaut (Gastritis), die ebenfalls die Produktion des Magensafts drosselt und eine Reihe von weiteren Symptomen verursacht (siehe Seite 91). In diesem Fall kann eine Behandlung von mindestens einem halben Jahr erforderlich sein und sollte mit einem erfahrenen Therapeuten besprochen werden.

  Das **Drüsenmittel** (JSO Bicomplex 4) kann eingesetzt werden, wenn die Appetitlosigkeit mit einer langen kräftezehrenden Krankheit einhergeht. In deren Genesungsprozess können drei- bis viermal täglich ein bis zwei Tabletten eingenommen werden.

- Was Sie begleitend tun können:
  Achten Sie auf eine regelmäßige Nahrungsaufnahme. Eine der Hauptmahlzeiten sollte warm sein. Zwischen diesen Essenszeiten sollten Sie nichts zu

sich nehmen, weil Sie sonst einfach keinen Hunger haben und auch fehlender Hunger kann eine Ursache für Appetitlosigkeit sein.

Blähungen

Blähungen sind Bauchschmerzen, die dadurch entstehen, dass Magen und Darm übermäßig mit Luft oder Gasen gefüllt sind. Die häufigste Ursache ist eine zu einseitige Ernährung mit vielen blähenden Nahrungsmitteln, etwa Hülsenfrüchten, Zwiebeln oder Kohl, oder das übermäßige Trinken von kohlensäurehaltigen Getränken. Es können aber auch organische Erkrankungen dahinterstecken, daher ist eine ärztliche Untersuchung bei sehr schmerzhaften oder lang anhaltenden Blähungen ratsam.

- Welches Mittel hilft?
  Das **Darmmittel** (JSO Bicomplex 3) ist das richtige, wenn die auslösende Grundstörung eine Darmerkrankung wie etwa eine Schleimhautentzündung ist. Durch seine Einzelbestandteile wirkt das Darmmittel begünstigend auf sämtliche Organe des Magen-Darm-Trakts. Meist ist eine mehrwöchige bis mehrmonatige Behandlung mit zweimal täglich drei Tabletten sinnvoll.

  Das **Krampfmittel** (JSO Bicomplex 5) können Sie einnehmen, wenn es regelrechte Blähungskoliken sind. Bei akuten Beschwerden können alle zehn Minuten ein bis zwei Tabletten eingenommen werden, für die Langzeittherapie drei- bis viermal täglich ein bis zwei Tabletten.

  Bei verminderter Produktion von Magensäure im Hintergrund der Blähungen wirkt das **Magenmittel 2** (JSO Bicomplex 17). Typisch in diesem Fall sind Symptome wie Magendruck, Völlegefühl nach dem Essen, eine Unverträglichkeit von sauren und fetten Speisen, sowie Blähungen, die eher in Verbindung mit Durchfällen auftreten. Das Magenmittel 2 beseitigt die Verdauungsschwäche und regt die Magennerven und -muskulatur wieder an. Bei einem untersäuerten Magen empfiehlt sich eine längerfristige Therapie über sechs Monate.

- Was Sie begleitend tun können:
  Generell gelten eine faserreiche, also ballaststoffreiche Ernährung, ausreichendes Trinken und viel Bewegung als die wichtigsten Einflussfaktoren auf eine funktionierende Tätigkeit des Magen-Darm-Trakts. Wichtig ist beim Essen außerdem: Achten Sie auf langsames und gründliches Kauen der Speisen.

Dickdarmentzündung (Colitis ulcerosa)

Von einer Entzündung des Dickdarms sind Frauen häufiger betroffen als Männer. Typische Symptome sind blutig-schleimige Durchfälle, die von krampfartigen Schmerzen begleitet werden. Bei einer schweren Entzündung kommen Fieber, Übelkeit, Appetitlosigkeit und in der Folge auch ein Gewichtsverlust dazu. In jedem Fall sollte eine Dickdarmentzündung von einem Arzt oder Heilpraktiker behandelt werden und die Bicomplex-Mittel nur begleitend eingesetzt werden.

- Welches Mittel hilft?
  Das Hauptmittel bei allen Darmerkrankungen ist das **Darmmittel** (JSO Bicomplex 3), das die Schleimhaut des gesamten Magen-Darm-Trakts regeneriert. Sinnvoll ist eine mehrwöchige bis -monatige Therapie mit der Einnahme von zweimal täglich drei Tabletten.

  Hauptmittel bei allen Entzündungen ist das **Fiebermittel** (JSO Bicomplex 6), das Fieberzustände im Rahmen von Entzündungen reguliert, ohne sie zu unterdrücken. Bei akuten Beschwerden können alle zehn Minuten ein bis zwei Tabletten eingenommen werden, bei abklingenden Symptomen drei- bis viermal täglich ein bis zwei Tabletten.

- Was Sie begleitend tun können:
  Im akuten Stadium steht absolut im Vordergrund, den Darm zu beruhigen und möglichst keine feste Nahrung zu sich zu nehmen. Langfristig ist aber eine Umstellung auf möglichst ballaststoffreiche Vollwerternährung zu empfehlen, da die Darmschleimhaut durch die faserreiche Kost auf natürliche Weise gereinigt und regeneriert wird.

Durchfall (Diarrhö)

Von Durchfall (Diarrhö) spricht der Mediziner bei mehr als drei ungeformten beziehungsweise dünnflüssigen Stuhlgängen an einem Tag. Hält der Zustand länger als einen Monat an, ist der Durchfall chronisch. Durchfall entsteht, wenn der Darm nicht mehr in der Lage ist, Wasser und Elektrolyte aus dem Kot zurückzuholen, was eigentlich seine Aufgabe wäre. Die Ursachen dafür können vielfältig sein: eine Infektion mit Bakterien oder Viren, eine Vergiftung, eine Reaktion auf Medikamente, eine Entzündung im Darm, ebenso wie hormonelle Ursachen, eine organische Verdauungsstörung oder psychische Faktoren. Achtung: Weisen Ihre Symptome auf einen erregerbedingten Durchfall hin, sollten Sie sich umgehend ärztlich untersuchen lassen.

- Welches Mittel hilft?
  Das Hauptmittel ist das **Darmmittel** (JSO Bicomplex 3). Im chronischen Zustand ist eine mehrwöchige bis -monatige Therapie mit der Einnahme von zweimal täglich drei Tabletten sinnvoll. Im Akut-Stadium können bis zur Besserung alle zehn Minuten ein bis zwei Tabletten eingenommen werden.

- Was Sie begleitend tun können:
  Bei einem akuten Durchfall ist es wegen des großen Flüssigkeitsverlusts besonders wichtig, ausreichend zu trinken. Am besten sind Tee oder Gemüsebrühe. Dazu am besten nur Zwieback oder geriebene Äpfel essen. In der Pflanzenheilkunde kommen Blutwurz und Heidelbeeren zum Einsatz, weil sie Gerbstoff enthalten und damit die Schleimhäute abdichten.

Gelbsucht (Ikterus)

Bei einer Gelbsucht verfärben sich Haut und Schleimhäute gelblich, zuallererst sichtbar ist die Verfärbung im Auge. Verantwortlich dafür ist eine Störung im Abbau und der Ausscheidung des Blutfarbstoffes. Für den Abbau des Farbstoffs ist die Leber zuständig. Die Ursachen einer Gelbsucht können vielfältig sein, etwa eine Entzündung der Leber (Hepatitis), eine Infektionskrankheit wie Malaria, aber auch Gallensteine können diese Erkrankung auslösen, die auf jeden Fall ärztlich behandelt werden muss.

- Welches Mittel hilft?
  Das wichtigste Mittel bei einer Gelbsucht ist das **Lebermittel** (JSO Bicomplex 27), da die Leber ja für den Abbau des Blutfarbstoffes zuständig ist. Die Einnahme wird über mindestens drei Monate mit einer Dosierung von zweimal täglich drei Tabletten empfohlen.

- Was Sie begleitend tun können:
  Für die Leber ist es besonders wichtig, dass Sie sich mit Basen bildender Vollwertkost ernähren und Genussmittel meiden. Denn die Leber ist für die Entgiftung von zum Beispiel Alkohol verantwortlich. Ist sie bereits vorgeschädigt, schaden ihr zugeführte Giftstoffe noch zusätzlich.

Hämorrhoiden

Bei den krampfaderähnlichen Erweiterungen im Analkanal handelt es sich um eine sehr häufige Erkrankung, allerdings machen die Hämorrhoiden nicht bei allen Betroffenen Beschwerden. Bei der Entstehung spielt wohl eine familiäre Neigung zu einer Bindegewebsschwäche eine große Rolle. Ebenso kann eine chronische Verstopfung, eine Schwangerschaft oder langes und häufiges Sitzen die Bildung von Hämorrhoiden fördern.

- Welches Mittel hilft?
  In Zusammenhang mit einer chronischen Verstopfung oder Trägheit des Darms sollte das **Abführmittel** (JSO Bicomplex 1) zum Einsatz kommen. Es fördert nicht nur die Funktion des Darms, sondern festigt auch erschlafftes Gewebe. Die empfohlene Dosierung liegt bei dreimal täglich zwei bis drei Tabletten.

  Das **Lebermittel** (JSO Bicomplex 27) wirkt zudem entstauend. Zweimal täglich drei Tabletten einnehmen.

- Was Sie begleitend tun können:
  Die Regulierung des Stuhlgangs ist bei Hämorrhoiden die Therapie der ersten Wahl. Das heißt: Durch eine ballaststoffreiche Ernährung mit Vollkornprodukten, Rohkost und viel frischem Obst soll der Stuhl möglichst weich gehalten werden. Ganz besonders wichtig ist in diesem Zusammenhang ausreichendes Trinken von zwei bis drei Litern Flüssigkeit pro Tag. In der Pflanzenheilkunde hat sich die Hamamelis als Salbe oder Zäpfchen bewährt. Bei akuten Beschwerden helfen außerdem warme Sitzbäder mit Kamille und Eichenrinde. Auch die Schafgarbe kommt als Venenmittel in der Pflanzenheilkunde zum Einsatz.

Koliken

Kennzeichnend für eine Kolik sind krampfartige Schmerzen, die zu- und abnehmen. Sie verlaufen also in einer Art Wellenbewegung. Am häufigsten sind Koliken von Magen, Darm und Gallenwegen sowie der Gebärmutter im Rahmen der Monatsblutung.

- Welches Mittel hilft?
  Das Hauptmittel bei allen Arten von Koliken oder Krämpfen ist das **Krampfmittel** (JSO Bicomplex 5). Bei einer akuten Kolik können alle zehn Minuten ein bis zwei Tabletten eingenommen werden, bis die Beschwerden nachlassen.

- Was Sie begleitend tun können:
  Sie müssen von einem Arzt oder Heilpraktiker abklären lassen, womit die Kolik zusammenhängt. Stecken etwa hinter einer Gallenkolik Gallensteine? Denn Ziel sollte sein, die ursächliche Krankheit zu behandeln.

Magenschleimhautentzündung (Gastritis)

Bei einer Magenschleimhautentzündung (Gastritis) unterscheidet man zwischen der akuten und der chronischen Form. Eine akute Gastritis entsteht meist aufgrund einer Überreizung, etwa durch übermäßigen Alkohol- oder Nikotingenuss, Medikamente, Infektionen oder auch einer Lebensmittelvergiftung. Die Symptome sind Appetitlosigkeit, Übelkeit, Erbrechen und ein Druckgefühl in der Magengegend.
Eine chronische Gastritis kann über Jahre hinweg für den Betroffenen völlig beschwerdefrei verlaufen, sie kann ausgelöst werden durch eine zu geringe Salzsäureproduktion im Magen, aber auch durch eine Besiedlung des Magens mit dem Bakterium Helicobacter pylori oder durch Medikamente, Alkohol oder Nikotin.

- Welches Mittel hilft?
  Bei einer akuten Gastritis liegt in der Regel durch die Überreizung eher eine Überproduktion von Salzsäure im Magen vor, daher ist das **Magenmittel 1** (JSO Bicomplex 16) angezeigt. Es harmonisiert die Funktion der Magenschleimhaut. Die empfohlene Dosierung ist im Akutzustand alle zehn Minuten zwei Tabletten, für die Langzeitbehandlung dreimal täglich zwei bis drei Tabletten.

  Bei einem Mangel an Magensäure entwickelt sich häufig eine chronische Gastritis, in diesem Fall sollten Sie das **Magenmittel 2** (JSO Bicomplex 17) einnehmen, es wirkt antientzündlich und regenerierend auf die Magenschleimhaut und regt die Bildung von Magensäure an. Es wird eine Behandlung für die Dauer von mindestens sechs Monaten empfohlen und zwar mit einer Dosierung von dreimal täglich zwei Tabletten.

- Was Sie begleitend tun können:
  Bei einer akuten Gastritis sollten Sie zunächst nur Tee und Zwieback zu sich nehmen, danach sehr basenreiche Ernährung wie etwa Kartoffeln, Gemüse und Obst. Kaffee, Tee, Alkohol, Süßes, Milch und scharfe Gewürze sind unbedingt zu meiden. Bei einer chronischen

Gastritis empfehlen Experten eine leichte Vollwertkost mit wenig Zucker, mäßigem Fett- und Eiweiß-Gehalt.

Sodbrennen

Sodbrennen wird dadurch verursacht, dass kleine Mengen des Mageninhalts zurück in die Speiseröhre fließen, die sehr säurehaltig und aggressiv sind. Das kann zum Beispiel passieren, wenn der untere Schließmuskel der Speiseröhre nur noch unzureichend schließt. Durch das Zurückfließen des Mageninhalts kann es auch zu einer Entzündung der Speiseröhre (Refluxösophagitis) kommen. Typisch dafür sind brennende Schmerzen hinter dem Brustbein und saures Aufstoßen.

- Welches Mittel hilft?
  Da Sodbrennen in den meisten Fällen mit einer Überproduktion von Magensäure zusammenhängt, ist das **Magenmittel 1** (JSO Bicomplex 16) angezeigt. Es reduziert die Übersäuerung des Magens langfristig und nachhaltig. Bei starkem Sodbrennen sollten alle zehn Minuten zwei Tabletten eingenommen werden. Für eine Langzeit-Behandlung wird eine Dosierung von dreimal täglich zwei bis drei Tabletten empfohlen.

- Was Sie begleitend tun können:
  Die Einnahme von Heilerde oder Basenpulver kann kurzfristig akute Schmerzen lindern. Von einer längeren Einnahme raten Experten aber ab, weil dadurch die Säureproduktion noch mehr gesteigert wird.

Übelkeit bei Magen-Darm-Infekt

Übelkeit und eventuell Erbrechen sind typische Symptome aller Erkrankungen im Magen-Darm-Trakt, allen voran natürlich eines Infekts oder einer Unverträglichkeit der gegessenen Speisen. Vorsicht ist geboten, wenn Blut erbrochen wird oder sich das Erbrechen mit den üblichen Hausmitteln nicht lindern lässt. Dann bitte umgehend zum Arzt!

- Welches Mittel hilft?
  Das **Magenmittel 1** (JSO Bicomplex 16) beruhigt einen überreizten Magen und hilft daher auch bei einem sauren und bitteren Mundgeschmack, saurem Aufstoßen oder starker Übelkeit. Bei akuter Übelkeit alle zehn Minuten zwei Tabletten einnehmen.

- Was Sie begleitend tun können:
  Gegen Übelkeit hilft Ingwer, dazu eine Wurzel frisch kauen oder als Fertigpräparat einnehmen. Kommt es dazu, dass Sie sich erbrechen müssen, gilt: Ähnlich wie beim Durchfall steht auch der Verlust von Flüssigkeit bei der Begleitbehandlung im Vordergrund. Deshalb: viel trinken! Am besten stilles Mineralwasser oder ungesüßte Tees. Dazu Zwieback und nur schwach gewürzte Gemüse- oder Haferschleimsuppe.

Verdauungsschwäche

Eine träge Verdauung zeugt von einem allgemein schwachen Energiezustand des Körpers. Wichtigster Energielieferant für jede einzelne Körperzelle ist das Blut, denn mit ihm werden Sauerstoff und alle für den Stoffwechsel des jeweiligen Organs notwendigen Stoffe angeliefert.

- Welches Mittel hilft?
  Das **Blutmittel** (JSO Bicomplex 2) verbessert die Blutqualität. Und nachdem das Blut alle Organe des Körpers versorgt und der Energielieferant für jede Stoffwechseltätigkeit ist, bringt es auch die Verdauung wieder in Schwung. Die empfohlene Dosierung liegt bei dreimal täglich zwei Tabletten.

  Das **Magenmittel 2** (JSO Bicomplex 17) verbessert die Tätigkeit aller Verdauungsdrüsen und des Magens. Es können dreimal täglich zwei Tabletten eingenommen werden.

- Was Sie begleitend tun können:
  Bringen Sie sich im wörtlichen Sinne in Schwung. Sorgen Sie für ausreichend Bewegung an der frischen Luft und beschäftigen Sie Ihren Verdauungstrakt möglichst mit ballaststoffreicher Ernährung.

Verstopfung

Von einer verzögerten Darmentleerung, also Verstopfung (Obstipation), spricht man, wenn der Betroffene seltener als alle drei bis vier Tage Stuhlgang hat. In den meisten Fällen liegen die Ursachen dafür in mangelnder Bewegung und einer ungünstigen Ernährung.

- Welches Mittel hilft?
  Das Hauptmittel ist das **Abführmittel** (JSO Bicomplex 1), das allerdings nicht unmittelbar abführend wirkt, vielmehr bringt es den trägen Stuhlgang in Bewegung, indem es die Darmschleimhaut und die Darmmotorik normalisiert. So wird eine Verstopfung ursächlich und langfristig anhaltend behandelt. Es wird eine Dosierung von dreimal täglich zwei bis drei Tabletten empfohlen.

  Wechseln sich Verstopfung und Durchfälle ab, ist das ein Zeichen für eine Stauung der Bauchlymphe. In diesem Fall ist das **Drüsenmittel** (JSO Bicomplex 4) die passende Therapie. Im Akut-Stadium können bis zur Besserung alle zehn Minuten ein bis zwei Tabletten eingenommen werden. Zur Nachsorge drei- bis viermal täglich ein bis zwei Tabletten.

- Was Sie begleitend tun können:
  Um langfristig einer Neigung zur Verstopfung vorzubeugen, gilt: Bewegen Sie sich und ernähren Sie sich ausgewogen und ballaststoffreich. Im akuten Stadium sollten Sie viel trinken und Kaffee, Tee, fleischreiche Kost oder Schokolade meiden. Leicht abführend wirken Trockenpflaumen, Apfel- oder Sauerkrautsaft und gequollener Leinsamen.

Muskeln, Gelenke und Knochen

Fibromyalgie

Bei der Fibromyalgie kommt es zu über den ganzen Körper verteilt auftretenden Schmerzen der Sehnenansätze und Muskeln sowie vegetativen Störungen wie Abgeschlagenheit, Müdigkeit und Schlafstörungen. Zu 80 Prozent sind Frauen von diesen Symptomen betroffen. Die genauen Ursachen sind unbekannt.

- Welches Mittel hilft?
  Im Falle akuter Schübe hilft das **Fiebermittel** (JSO Bicomplex 6). Und zwar in folgender Dosierung: Bei akuten Beschwerden können alle zehn Minuten ein bis zwei Tabletten eingenommen werden, bei abklingenden Symptomen drei- bis viermal täglich ein bis zwei Tabletten. Eine langfristige Therapie über mehrere Monate wird empfohlen.

- Was Sie begleitend tun können:
  Empfohlen wird Fibromyalgie-Patienten eine konsequente Verhaltensänderung: Regelmäßiges Entspannungstraining, ausreichende mäßige Bewegung und die richtige Haltung kombiniert mit Wärmeanwendungen. Ebenso ist eine Umstellung auf eine basenreiche Vollwertkost ratsam, die einer Übersäuerung des Körpers entgegenwirkt.

Gelenkentzündung (Arthritis)

Gelenkentzündungen können viele verschiedene Ursachen haben. So kann sich ein arthrotisch vorgeschädigtes Gelenk entzünden. Oder eine rheumatische Entzündung befällt ein bislang nicht vorgeschädigtes Gelenk. Die Gicht (siehe auch Seite 95) nimmt eine Sonderstellung unter den Gelenkentzündungen ein.
Für alle gilt: Das betroffene Gelenk ist heiß, geschwollen, gerötet und schmerzt bei Bewegung.

- Welches Mittel hilft?
  Das **Fiebermittel** (JSO Bicomplex 6) ist das Hauptmittel bei einer akuten Entzündung in einem Gelenk. Bei akuten Beschwerden können alle zehn Minuten ein bis zwei Tabletten genommen werden; in der Nachbehandlung drei- bis viermal täglich ein bis zwei Tabletten.

  Das **Gicht- und Rheumatismusmittel** (JSO Bicomplex 9) kommt bei einer harnsauren Entstehung der Arthritis zum Einsatz. In diesem Fall ist eine längerfristige Therapie mit einer Gabe von ein- bis zweimal täglich zwei bis vier Tabletten ratsam. Fieber- und Gichtmittel können auch kombiniert, also mit

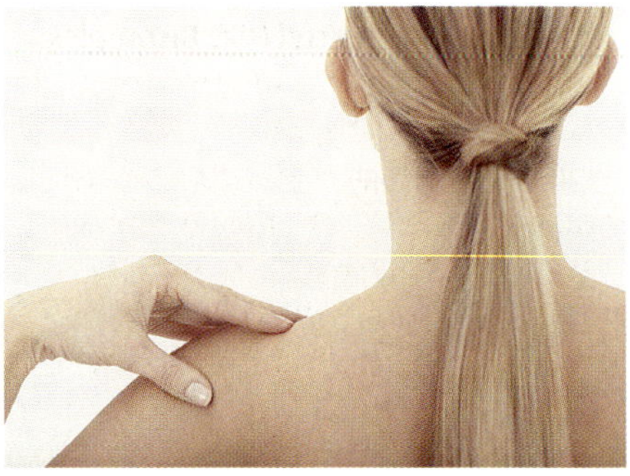

kleinen Abständen beide an einem Tag eingenommen werden.

- Was Sie begleitend tun können:
  Kühlende Auflagen zum Beispiel mit Retterspitz oder Quark wirken schmerzlindernd und abschwellend. Außerdem gilt: Je früher ein entzündetes Gelenk behandelt wird, desto größer sind die Heilungschancen ohne bleibende Folgeschäden.

Gicht, akuter Anfall

Eine Störung im Harnsäurestoffwechsel führt dazu, dass bei Gicht-Patienten Harnsäurekristalle in das Bindegewebe des Körpers eingelagert werden. Der Grund dafür: Entweder wird zu viel Harnsäure gebildet oder zu wenig ausgeschieden. Zu den vorrangig betroffenen Einlagerungsstellen zählen Knorpel, Knochen, Gelenkkapseln, Bänder, Sehnen, Schleimbeutel und die Haut. Ein akuter Gichtanfall ist extrem schmerzhaft und auf ein Gelenk beschränkt, das sich rötet, anschwillt und heiß wird.

- Welches Mittel hilft?
  Das Hauptmittel ist das **Gicht- und Rheumatismusmittel** (JSO Bicomplex 9), das die harnsauren Ablagerungen im Körper löst und ausscheiden hilft. Außerdem beugt es erneuten Ablagerungen vor. Im Akut-Stadium können alle zehn Minuten ein bis zwei Tabletten eingenommen werden. Für Gicht-Patienten empfiehlt sich aber auch eine langfristige Therapie über vier bis sechs Monate mit ein- bis zweimal täglich zwei bis vier Tabletten, je nach Krankheitsbild.

  Im akuten Gicht-Anfall kann das **Fiebermittel** (JSO Bicomplex 6), auch begleitend zur schulmedizinischen Therapie, eingesetzt werden. Bei akuten Schmerzen können alle zehn Minuten ein bis zwei Tabletten bis zum Eintritt einer Besserung eingenommen werden.

- Was Sie begleitend tun können:
  Als Gicht-Patient sollten Sie auf jeden Fall eine intensive langfristige Therapie bei einem Arzt oder Heilpraktiker machen. Um einen akuten Gicht-Anfall zu vermeiden, heißt es die bekannten Auslöser möglichst zu umgehen. Dazu zählen vor allem: fettes und reichhaltiges Essen, Alkohol, eine erhöhte körperliche Belastung etwa bei Infektionen, Operationen und auch seelischer Stress.

Gliederschmerzen

Gliederschmerzen sind ein sehr häufiges erstes Begleitsymptom einer akuten Infektion, z. B. einer sich ankündigenden Grippe. Typischerweise lässt sich der Schmerz nicht genau lokalisieren und geht mit einem allgemeinen Abgeschlagenheitsgefühl einher.

- Welches Mittel hilft?
  Das **Fiebermittel** (JSO Bicomplex 6) als wichtigstes Entzündungsmittel wirkt auch gegen die typischen Begleitsymptome einer akuten Infektion mit Gliederschmerzen. Im Akut-Stadium alle zehn Minuten ein bis zwei Tabletten bis

zum Eintritt einer Besserung einnehmen, dann drei- bis viermal täglich ein bis zwei Tabletten.

- Was Sie begleitend tun können:
  Gönnen Sie sich das, wonach Ihr Körper schreit: Ruhe und Wärme. Also am besten im Bett bleiben und sich mit viel (warmer) Flüssigkeit und vitaminreichem Essen versorgen.

Hexenschuss

Typisch für den so genannten Hexenschuss, in der Medizin als akutes Lendenwirbel-Syndrom bezeichnet, ist der plötzlich einschießende Schmerz, der unmittelbar mit einer Bewegung zusammenhängt. Man hebt zum Beispiel etwas Schweres und bückt sich ungeschickt. Anschließend nimmt man eine Schonhaltung ein, in der der Schmerz möglichst gering ist und verspannt dadurch aber zusätzlich die Muskeln.

- Welches Mittel hilft?
  Das **Fiebermittel** (JSO Bicomplex 6) kommt nicht nur bei Entzündungen, sondern auch bei Reizungen wie beim Hexenschuss zum Einsatz. Im Akut-Stadium alle zehn Minuten ein bis zwei Tabletten bis zum Eintritt einer Besserung einnehmen, dann drei- bis viermal täglich zwei bis drei Tabletten.

  Das **Krampfmittel** (JSO Bicomplex 5) kann im täglichen Wechsel mit dem Fiebermittel und mit der gleichen Dosierung eingenommen werden. Es hilft den Muskeln sich wieder zu entspannen.

- Was Sie begleitend tun können:
  Wärme tut gut! Zum Beispiel durch Bestrahlung mit einer Rotlichtlampe, die man in vielen Apotheken ausleihen kann, oder mit Hilfe einer Wärmflasche. Auch ätherische Öle lindern die Schmerzen und entspannen die Muskeln, so etwa Arnika und Johanniskraut.

Knochenbruch

Knochen brechen vor allem bei jungen und bei alten Menschen. Bei Kindern ist ihr kaum zu bändigender Bewegungs- und Forscherdrang der Grund dafür, dass im Eifer des Tobens die noch im Wachstum befindlichen Knochen brechen. Ältere Menschen bewegen sich zwar deutlich weniger, doch die Knochen werden mit den Jahren ganz von selbst poröser. Zudem werden durch die mangelnde Bewegung auch die Muskeln schwächer und so kann man sich im Falle eines Sturzes nicht optimal abfangen, so dass es leichter zu einem Knochenbruch kommt.

- Welches Mittel hilft?
  Das **Knochenmittel** (JSO Bicomplex 13) beschleunigt die Heilung des Knochens nach einem Bruch, weil es die Versorgung des Knochens mit Kalzium, Magnesium und Phosphor verbessert. Es kann auch zur Vorbeugung gegen Osteoporose eingesetzt werden. Die empfohlene Einnahme für Erwachsene liegt bei drei- bis viermal täglich ein bis zwei Tabletten, Kinder je nach Alter nehmen zwei- bis dreimal täglich ein bis zwei Tabletten.

- Was Sie begleitend tun können:
  Ein gebrochener Knochen muss chirurgisch versorgt werden und in Ruhe heilen dürfen. Halten Sie sich an die Empfehlungen Ihres Arztes!

Krämpfe

Der Krampf, den wohl jeder schon einmal erlebt hat, ist der Wadenkrampf. Plötzlich und unfreiwillig ziehen sich die Muskeln in der Wade zusammen, was sehr schmerzhaft ist. Zu den Krämpfen zählen zum Beispiel auch der Schluckauf oder krampfartige Beschwerden vor und während der Menstruation (siehe auch Seite 106).

- Welches Mittel hilft?
  Das Hauptmittel gegen Krämpfe aller Art ist das **Krampfmittel** (JSO Bicomplex 5), das ausgleichend auf das überreizte Gewebe wirkt. Bei einem akuten Krampf können alle zehn Minuten ein bis zwei Tabletten eingenommen werden, bis die Beschwerden nachlassen.

- Was Sie begleitend tun können:
  Dem oft gehörten Rat, bei Krämpfen – vor allem Wadenkrämpfen – Magnesium in Form von Nahrungsergänzungspräparaten einzunehmen, sollten Sie nicht ohne weiteres folgen. Magnesium sollte nur bei einem durch eine Laboruntersuchung nachgewiesenen tatsächlichen Magnesiummangel und dann auch nur unter therapeutischer Aufsicht zugeführt werden, denn zu viel Magnesium kann im Körper zu einer Überdosierung führen – die unter anderem ebenfalls Krämpfe als Symptom zeigt.

Muskelkater

Der Muskelkater, der sich ein bis zwei Tage nach einer ungewohnten und starken körperlichen Belastung einstellt, resultiert aus kleinsten Faserrissen in der Muskulatur. In der Regel bessert er sich ab dem dritten Tag nach der Belastung und verschwindet nach ein paar weiteren Tagen von selbst.

- Welches Mittel hilft?
  Bei einem Muskelkater kommt das **Gicht- und Rheumatismusmittel** (JSO Bicomplex 9) zum Einsatz, da es sich um eine Übersäuerung der Muskulatur handelt. Je nach Schwere der Schmerzen können zwei- bis dreimal täglich ein bis drei Tabletten eingenommen werden.

- Was Sie begleitend tun können:
  Wärme und Entspannung tun gereizten Muskeln gut. Nehmen Sie zum Beispiel ein Bad in der Wanne oder gehen Sie in die Sauna. Bei der nächsten körperlichen Anstrengung lohnt sich ein gezieltes Aufwärmtraining für die Muskeln, die beansprucht werden, oder ein weniger anstrengendes Programm.

Muskelverletzungen (Prellungen, Zerrungen, Blutergüsse)

Durch einen Schlag, Druck oder eine ungeschickte Bewegung entstehen auch tiefer gehende Verletzungen in der Muskulatur als die kleinen Faserrisse beim Muskelkater, die sich meist durch einen sofortigen und starken Schmerz bemerkbar machen. Für die Zerrung ist ein krampfartiger Schmerz typisch, für einen Muskelriss ein plötzlich stechender.

- Welches Mittel hilft?
  Das **Muskelmittel** (JSO Bicomplex 29) unterstützt die Heilung aller Arten von Muskelverletzungen. Je nach Schwere der Schmerzen und der Verletzung können zwei- bis dreimal täglich ein bis drei Tabletten eingenommen werden.

  Als Akut-Mittel in den ersten Tagen der Verletzung kann auch das **Fiebermittel** (JSO Bicomplex 6) genommen werden. Nach zwei bis drei Tagen kann dann auf das Muskelmittel gewechselt werden. Bei akuten Schmerzen können alle zehn Minuten ein bis zwei Tabletten bis zum Eintritt einer Besserung eingenommen werden, dann drei- bis viermal täglich ein bis zwei Tabletten.

- Was Sie begleitend tun können:
  Bei einer Prellung hilft schnelles Kühlen der betreffenden Stelle am besten: entweder in Form eines kalten Umschlags oder indem man zum Beispiel das Bein in einen Eimer mit kaltem Wasser stellt. Im Anschluss daran gilt für alle Muskelverletzungen: Das betroffene Körperteil möglichst ruhig halten.

Osteoporose

Der Knochenschwund, wie die Osteoporose im Volksmund auch genannt wird, zählt in Europa inzwischen zu den Volkskrankheiten. Längst sind nicht nur ältere Menschen betroffen, denn der Körper bildet ab dem 30. Lebensjahr keine neue Knochensubstanz mehr nach. Das Risiko von Knochenbrüchen steigt, die Knochen werden immer poröser.

- Welches Mittel hilft?
  In der Prophylaxe und Behandlung einer Osteoporose kommt das **Knochenmittel** (JSO Bicomplex 13) zum Einsatz. Es versorgt den Knochen auf optimale Weise mit allen Mineralstoffen, die er für einen funktionierenden Stoffwechsel braucht. Es beschleunigt deshalb auch die Heilung eines Knochenbruchs. Die empfohlene Dosierung liegt bei drei- bis viermal täglich ein bis zwei Tabletten.

- Was Sie begleitend tun können:
  Eine kalziumreiche Ernährung und gezielte Bewegung spielen in der Vorsorge und auch in der Therapie der Osteoporose entscheidende Rollen. Viel Kalzium steckt zum Beispiel in grünem Gemüse, Sprossen, Fisch, Getreide und Soja. Entsprechende Rezepte und Übungen erhalten Sie zum Beispiel bei einer Ernährungsberatung und bei Ihrem Arzt oder Heilpraktiker.

Rheuma

In der modernen Medizin spricht man heute eher von Erkrankungen des rheumatischen Formenkreises, statt von Rheuma. Denn zu dem neueren Begriff zählt man eine Reihe von verschiedenen Erkrankungen des Bewegungsapparats, aber eben auch entzündliche Erkrankungen, die innere Organe, die Augen oder die Haut betreffen. Das vorrangige Symptom sind Gelenkschmerzen.

- Welches Mittel hilft?
  Das Hauptmittel ist das **Gicht- und Rheumatismusmittel** (JSO Bicomplex 9), das alle Reaktionen lindert, die durch eine rheumatische Reizung hervorgerufen werden. Die Dosierung liegt je nach Schwere der Beschwerden bei einer Einnahme von drei- bis fünfmal täglich zwei bis drei Tabletten.

  Bei einer akuten Gelenkentzündung kann auch das **Fiebermittel** (JSO Bicomplex 6) eingesetzt werden. Es können alle zehn Minuten ein bis zwei Tabletten bis zum Eintritt einer Besserung eingenommen werden, anschließend drei- bis viermal täglich zwei bis drei Tabletten.

- Was Sie begleitend tun können:
  Es ist wissenschaftlich erwiesen, dass ein Zusammenhang zwischen der Ernährung und dem Krankheitsverlauf von rheumatischen Gelenkentzündungen besteht. Eine rohkostreiche Vollwerternährung kann den Verlauf der Beschwerden günstig beeinflussen. Im akuten Stadium lindern kühle Umschläge mit Quark oder Heilerde die Schmerzen im betroffenen Gelenk.

Verspannungen

Der Mangel an ausreichender Bewegung ist in unserer modernen Gesellschaft mit die wichtigste Ursache für Beschwerden des Bewegungsapparats. Rückenschmerzen und Verspannungen der Nackenmuskulatur, die oft zudem Spannungskopfschmerzen verursachen, führen dabei die Symptomenliste an.

- Welches Mittel hilft?
  Das **Krampfmittel** (JSO Bicomplex 5) löst Verspannungen der Muskulatur. Bei akuten Beschwerden können alle zehn Minuten ein bis zwei Tabletten eingenommen werden, für die Langzeittherapie drei- bis viermal täglich ein bis zwei Tabletten.

- Was Sie begleitend tun können:
  Bewegung ist die beste langfristige Therapie gegen Muskelverspannungen. Bei akuten Beschwerden hilft zunächst Wärme in Form von Umschlägen, Fangopackungen (in Apotheken) oder Infrarotlampen. Lassen Sie sich in einem Fitnessstudio oder einem speziellen Rückengymnastikkurs Übungen zeigen, die speziell die Rücken- und Nackenmuskulatur lockern und langfristig stärken.

Kinder

Bettnässen

Ob nächtliches Einnässen bei Kindern wirklich ein Grund zur Sorge ist, hängt sehr stark vom Alter ab. Denn was viele Eltern nicht wissen: Im fünften Lebensjahr machen noch etwa 15 Prozent der Kinder nachts ins Bett, im sechsten Lebensjahr noch etwas über zehn Prozent. Im Einzelfall sollte der Kinderarzt mögliche organische Ursachen für das nächtliche Einnässen ausschließen.

- Welches Mittel hilft?
  Das **Blasenmittel** (JSO Bicomplex 26) wirkt bei allen Arten von Störungen der Harnblase, weil es sowohl die Schleimhaut, als auch die Muskulatur sowie die nervale Versorgung der Blase positiv beeinflusst und alle beteiligten Gewebsstrukturen kräftigt. Die empfohlene Dosierung liegt bei viermal täglich eine Tablette.

- Was Sie begleitend tun können:
  Das Kind auf keinen Fall unter Druck setzen oder gar bestrafen, sondern mit einem Belohnungssystem für trockene Nächte motivieren. Zum Beispiel kann in einem Kalender für jede trockene Nacht ein Sternchen eingeklebt werden, bei zehn oder fünfzehn Sternchen darf sich Ihr Kind etwas wünschen – zum Beispiel einen gemeinsamen Besuch im Zoo.

Fieber

Fieber an sich ist keine Krankheit, sondern eine Reaktion des körpereigenen Abwehrsystems. Bei einer erhöhten Körpertemperatur können sich die Abwehrzellen unseres Immunsystems schneller teilen und gleichzeitig verlangsamt sich die Vermehrung der eingedrungenen Krankheitserreger. Deshalb ist Fieber ein gutes Zeichen und der Körper sollte, in bestimmten Grenzen, auch fiebern dürfen. Von hohem Fieber spricht man über 39 Grad Celsius (auch bei Kindern). Bis zu dieser Grenze darf ein Mensch, vorausgesetzt er ist dabei noch in einer relativ guten Verfassung, fiebern. Erst hohes Fieber sollte mit sanften Mitteln gesenkt werden.

- Welches Mittel hilft?
  Das Hauptmittel ist, wie bereits der Name sagt, das **Fiebermittel** (JSO Bicomplex 6). Es hilft alle Fieberzustände zu regulieren, ohne sie zu unterdrücken, und ist ebenso das wichtigste Mittel bei allen Entzündungen oder akuten Infekten. Im Akut-Zustand können alle zehn Minuten ein bis zwei Tabletten einge-

nommen werden; tritt eine Besserung ein, kann die Dosierung auf drei- bis viermal täglich ein bis zwei Tabletten reduziert werden.

- Was Sie begleitend tun können:
  Das wohl bekannteste und gleichzeitig auch wirkungsvollste Hausmittel gegen Fieber ist der Wadenwickel. Er darf allerdings nur angewendet werden, wenn der Patient auch tatsächlich warme Beine und Arme hat.

Hyperaktivität

Nicht jedes aktive und lebhafte Kind ist laut medizinischer Definition »hyperaktiv«. Daher sollten Eltern mit solch einem vorschnellen Urteil vorsichtig umgehen. Wenn, dann sollte sie nur von einem auf diesem Gebiet erfahrenen Kinder- und Jugendarzt diagnostiziert werden. Wichtig ist vor allem, das Alter des Kindes zu berücksichtigen: Erst im Vorschulalter lernen Kinder ganz allmählich, sich für einen bestimmten Zeitraum auf eine Sache zu konzentrieren und selbst das erst für ein paar Minuten. Schließlich wollen sie die Welt entdecken und da gibt es eben alle paar Minuten etwas Neues.

- Welches Mittel hilft?
  Das **Nerven- und Gehirnmittel** (JSO Bicomplex 19) ist das Hauptmittel bei einer Hyperaktivität. Denn es vermindert Überreizungszustände der Nerven. Kinder nehmen je nach Alter zwei- bis dreimal täglich ein bis zwei Tabletten. Es wird eine längerfristige Einnahme empfohlen.
- Was Sie begleitend tun können:
  Vermeiden Sie es, dass Ihr Kind übermäßig viel fernsieht oder am Computer sitzt. Kinder brauchen viel Bewegung an der frischen Luft, um sich auszutoben, vielleicht ja auch in einer Turngruppe oder einem Sportverein.

Keuchhusten

Beim Keuchhusten handelt es sich um eine der so genannten klassischen Kinderkrankheiten, die per Tröpfcheninfektion übertragen wird und relativ lange dauert: Das Akutstadium zieht sich über vier bis acht Wochen, die endgültige Erholung kann Monate dauern. Typisch ist, dass das Kind zunächst Symptome wie bei einer Erkältung hat, aber bereits hoch ansteckend ist. Erst nach ein bis zwei Wochen kommt der charakteristische stakkatoartige Husten hinzu. Die Hustenanfälle sind mitunter so schlimm, dass die Kinder würgen oder sich übergeben müssen.

- Welches Mittel hilft?
  Das Hauptmittel ist das **Hustenmittel** (JSO Bicomplex 15), das die Heilung bei Entzündungen der Atemwege beschleunigt und die Regeneration des Gewebes unterstützt. Bei akuten Beschwerden wie bei einem Hustenanfall können alle zehn Minuten ein bis zwei Tabletten eingenommen werden. Bessern sich die Hustenbeschwerden, wird eine Einnahme von drei- bis viermal täglich ein bis zwei Tabletten über mehrere Wochen empfohlen.

Das **Krampfmittel** (JSO Bicomplex 5) kann bei besonders starken Hustenkrämpfen im täglichen Wechsel mit dem Hustenmittel bei gleicher Dosierung eingenommen werden.

- Was Sie begleitend tun können:
  Im akuten Anfall erleichtern Eltern ihrem Kind die Atmung, indem sie es aufrecht mit leicht nach vorn gebeugtem Oberkörper hinsetzen und es eventuell stützen. Außerdem hilft eine möglichst feuchte Atemluft, also etwa feuchte Tücher im Kinderzimmer aufhängen oder das Kind inhalieren lassen.

Knochenwachstum (bei Kindern)

Der Körper von Kindern und Jugendlichen bis zum Ende der Pubertät verbringt wahre Meisterleistungen. Allen voran das Skelettsystem. Damit die Knochen im Laufe der Jahre an Substanz zunehmen und optimal wachsen können, brauchen sie vor allem Kalzium, aber auch Phosphor und Magnesium.

- Welches Mittel hilft?
  Das **Knochenmittel** (JSO Bicomplex 13) fördert optimal den Stoffwechselhaushalt der Knochen und damit ihr Wachstum. Es kann besonders bei Störungen im Knochenwachstum oder nach Knochenbrüchen (siehe Seite 34) eingesetzt werden. Kinder bzw. Jugendliche können je nach Alter zwei- bis dreimal täglich ein bis zwei Tabletten einnehmen.

- Was Sie begleitend tun können:
  Kinder brauchen, um optimal und gesund groß zu werden, am allermeisten eine gesunde und ausgewogene Ernährung, die sie mit allen nötigen Vitaminen und Mineralstoffen versorgt. Am besten mit möglichst viel frischem Obst und Gemüse, Kartoffeln, Brot, Nudeln und Reis, Vollkornprodukten und magerem Fleisch.

Milchschorf beim Baby

Den Namen Milchschorf hat diese Hautveränderung aufgrund ihrer gelbbraunen Krusten bekommen, die verbrannter Milch ähneln. Vor den Krusten treten zunächst Rötungen mit kleinen Bläschen auf, die stark jucken und sich durchs Kratzen öffnen, nässen und leicht infizieren. Der Milchschorf, der am ganzen Körper auftritt und nicht zu verwechseln ist mit dem Grind auf der Kopfhaut in den ersten Lebenswochen, gilt als erstes Auftreten von Neurodermitis im Säuglingsalter und beginnt meist im dritten bis sechsten Lebensmonat. Typisch ist außerdem das Auftreten in Schüben.

- Welches Mittel hilft?
  Das **Hautmittel** (JSO Bicomplex 11) kann bei allen Hauterkrankungen und -veränderungen eingenommen werden. Es regeneriert die entzündete Haut, fördert die Heilung des Milchschorfs und beugt einer erneuten Bildung vor. Säuglingen kann dreimal täglich eine Tablette verabreicht werden.

- Was Sie begleitend tun können:
  Den starken Juckreiz können Eltern linden, indem sie die Haut ihres Kindes mit Eichenrinden-Umschlägen beruhi-

gen. Auch Stiefmütterchen hat sich bewährt. Außerdem sollte auf eine möglichst weiche und wenig kratzende Kleidung geachtet werden.

Mittelohrentzündung

Neun von zehn Kindern erkranken mindestens einmal an einer Mittelohrentzündung, besonders betroffen davon sind Säuglinge ab dem sechsten Lebensmonat und Kleinkinder bis zum fünften Lebensjahr. Der Grund dafür liegt in dem kleinen Nasen-Rachen-Raum, in dem aufgrund der kurzen Wege einfach schnell einmal Erreger über die Nasennebenhöhlen ins Mittelohr wandern. Charakteristisch für diese Entzündung ist, dass sie sehr schnell beginnt und heftige Schmerzen im Ohr verursacht. Oft wird sie von Fieber begleitet.

- Welches Mittel hilft?
  Im akuten Stadium der Entzündung hilft am besten das **Fiebermittel** (JSO Bicomplex 6). Kleinkindern kann drei- bis viermal täglich eine Tablette gegeben werden.

  Wenn das Kind chronisch an Entzündungen im Mittelohr leidet, ist das **Knochenmittel** (JSO Bicomplex 13) zu empfehlen, weil oft auch die knöchernen Strukturen mit entzündet sind. In chronischen Fällen empfiehlt sich eine längerfristige Therapie mit einer Dosierung von dreimal täglich einer Tablette.

- Was Sie begleitend tun können:
  Die Zwiebel hat sich als Hausmittel bei Ohrenschmerzen am besten bewährt, denn sie besitzt eine entzündungshemmende Wirkung. Eltern machen ihrem Kind daher am besten einen Ohr-Wickel mit einer kleingehackten Zwiebel, die sie in ein Baumwolltuch wickeln und das Ganze mit Hilfe einer Wärmflasche erwärmen.

Neurodermitis

Bei der Neurodermitis handelt es sich um eine chronisch in Schüben wiederkehrende Entzündung der Haut, die dabei stark juckt, gerötet ist, nässt, sich schuppt und verkrustet. Die Neurodermitis gehört zu den so genannten atopischen Erkrankungen, zu denen auch das allergische Asthma bronchiale und der Heuschnupfen zählen. Die genauen Ursachen, die für das Entstehen einer Neurodermitis verantwortlich sind, sind nach wir vor nicht eindeutig geklärt.

- Welches Mittel hilft?
  Das **Hautmittel** (JSO Bicomplex 11) ist das wichtigste Mittel für die Regeneration entzündeter Haut. Es unterstützt das Abheilen akuter Entzündungsherde und beugt neuen Neurodermitis-Schüben vor. Auch der Juckreiz, unter dem die betroffenen Kinder am meisten leiden, wird gelindert. Schulkinder nehmen dreimal täglich zwei Tabletten, Kleinkinder und Säuglinge dreimal täglich eine Tablette. Es wird eine Dauer der Behandlung von mindestens einem viertel Jahr empfohlen.

  Das **Nerven- und Gehirnmittel** (JSO Bicomplex 19) kann im täglichen Wechsel mit dem Hautmittel bei gleicher Dosierung eingenommen werden, um die Wirkung zu optimieren.

- Was Sie begleitend tun können:
  Ein Neurodermitis-Kind sollte auf jeden Fall von einem Fachmann behandelt werden. Für die Eltern in der Begleitbehandlung ist es mit das Wichtigste, den quälenden Juckreiz zu lindern und zu verhindern, dass die Kinder sich blutig kratzen. Dafür haben sich Abwaschungen oder Umschläge mit Heilerde, Eichenrinde oder Stiefmütterchen bewährt. Zudem gibt es inzwischen spezielle Kleidung für Neurodermitis-Kinder, etwa Schlafanzüge mit integrierten Handschuhen, damit sich die Kleinen nachts nicht blutig kratzen.

Schulkopfschmerz

Kopfschmerzen unter Schulkindern ist ein zunehmendes Phänomen. Sind organische Ursachen, wie etwa eine akute Entzündung, ausgeschlossen, ist es in sehr vielen Fällen ein ernst zu nehmendes Zeichen für eine Überforderung der Kinder. Auch den wachsenden Druck, gute Leistungen bringen zu müssen, »packen« viele Kinder in ein körperliches Symptom.

- Welches Mittel hilft?
  Das **Kräftigungsmittel** (JSO Bicomplex 18) bringt die nötige Nervenstärke und Lebenskraft zurück. Es empfiehlt sich eine längerfristige Behandlung mit zweimal täglich ein bis zwei Tabletten, je nach Alter des Kindes.

- Was Sie begleitend tun können:
  Eltern sollten Zeichen einer Überforderung bei ihren Kindern sehr ernst nehmen und mit einem Kinderarzt oder Heilpraktiker besprechen. Versuchen Sie, je nach Alter des Kindes, auch zusammen mit Ihrem Nachwuchs, herauszufinden, was Ihrem Sohn oder Ihrer Tochter fehlt. Vielleicht ist es einfach der körperliche Ausgleich. In unserer modernen Gesellschaft bewegen sich viele Kinder einfach viel zu wenig an der frischen Luft, sondern sitzen zu viel vor Fernseher, Computer oder am Schreibtisch.

Zahnungsbeschwerden, Zahnwachstum

Wenn bei Babys die ersten Zähne beginnen sich ihren Weg durch den Kiefer zu bahnen – meist im fünften oder sechsten Lebensmonat – ist das für das Baby oft mit schlaflosen Nächten, einem verstärkten Speichelfluss, einem geröteten Kiefer und bei manchen Kindern auch mit Durchfall, Fieber oder einem wunden Po verbunden. Jedes Kind hat aber seinen eigenen Rhythmus, der erste Zahn kann also auch etwas auf sich warten lassen. Bis zum dritten Geburtstag ist das Milchzahngebiss in der Regel komplett.

- Welches Mittel hilft?
  Hauptmittel für die Erleichterung des Zahnens, für die Verbesserung der Zahnbildung und des Zahnwachstums, auch zur Unterstützung des Einbaus von Fluor in den Zahnschmelz, ist das **Zahn-**

mittel (JSO Bicomplex 30). Es sollte besonders zwischen dem sechsten und 36. Lebensmonat und zwischen dem sechsten und 12. Lebensjahr gegeben werden. Bei akuten Beschwerden können Eltern ihrem Kind mehrmals täglich eine Tablette verabreichen. Zur generellen Begleitung des Zahnwachstums kann man Babys einmal wöchentlich eine Tablette geben und mit dem Alter des Kindes die Dosierung bis zu einmal täglich eine Tablette steigern.

Treten die Zahnungsbeschwerden zusammen mit Fieber auf, können Eltern ihrem Kind auch das **Fiebermittel** (JSO Bicomplex 6) geben, drei- bis viermal täglich eine Tablette.

- Was Sie begleitend tun können: Instinktiv beißen zahnende Kinder auf allem herum, was sie zwischen die Finger bekommen. Denn der Gegendruck auf den Kiefer lindert die Schmerzen. Darum helfen zusätzlich: eine Brotrinde oder eine gekühlte Karotte (darauf achten, dass das Kind nichts davon abkaut und verschlucken kann), ein Beißring oder eine sanfte Massage des Zahnfleisches von Mama oder Papa.

Frauen

Eierstockzysten

Zysten sind mit Flüssigkeit gefüllte Hohlräume im Gewebe. Am Eierstock der Frau bilden sie sich vorrangig zu Zeiten hormoneller Umstellungen also etwa nach der Pubertät oder im Klimakterium. Diagnostiziert werden sie meist deshalb, weil die betroffenen Frauen Zyklusstörungen und geringe Unterbauchschmerzen haben, häufig machen Zysten aber auch gar keine Beschwerden.

- Welches Mittel hilft?
  Das **innersekretorische Mittel** (JSO Bicomplex 7) wirkt harmonisierend auf das komplette Hormonsystem des Körpers, es ist daher auch das wichtigste Mittel bei Zyklusstörungen. Eine Therapie sollte mehrere Monate umfassen, empfohlen wird eine Einnahme von drei- bis viermal täglich ein bis zwei Tabletten.

Das **Wassersuchtmittel** (JSO Bicomplex 25) ist das Hauptmittel bei Wasseransammlungen im Körper (Ödemen). Es fördert die Ausscheidung überschüssigen Wassers aus allen betroffenen Geweben. Empfohlen wird eine Dosierung

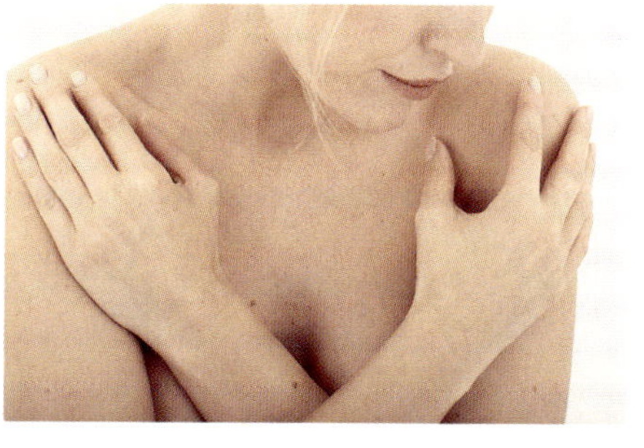

von dreimal täglich zwei Tabletten. Beide Mittel können im täglichen Wechsel eingenommen werden, um die Wirkung zu optimieren.

- Was Sie begleitend tun können:
  Zysten bilden sich häufig spontan wieder zurück. Es besteht also außer im Fall von akuten und starken Schmerzen kein großer Handlungsbedarf. Ob Frauen zur Zystenbildung neigen oder nicht, ist sehr stark durch Veranlagung bedingt. Daher ist aus homöopathischer Sicht eine konstitutionelle Behandlung interessant.

Geburt (zur Vorbereitung)

In den letzten Wochen der Schwangerschaft steht die Vorbereitung auf die Geburt auf dem Programm einer werdenden Mutter. In einem speziellen Kurs erfährt sie, in welchen Phasen eine Entbindung verläuft und wie sie mit dem Wehenschmerz umgehen kann. Aber ebenso gehört es zur Geburtsvorbereitung, die Geburtswege und das Gewebe, etwa den Damm, möglichst elastisch zu machen, um es auf die extreme Dehnung während der Geburt vorzubereiten, etwa durch regelmäßige Dammmassagen.

- Welches Mittel hilft?
  Das **Schwangerschaftsmittel** (JSO Bicomplex 22) bereitet auf die Geburt vor, indem es die Geburtswege elastisch macht. Die empfohlene Dosierung liegt bei dreimal täglich zwei Tabletten, es kann während der ganzen Schwangerschaft genommen werden.

- Was Sie begleitend tun können:
  Auch Akupunktur bereitet den Körper auf die Geburt vor. Verschiedene Untersuchungen haben gezeigt, dass sich durch Akupunktur-Behandlungen, die meist ab der 36. Schwangerschaftswoche durchgeführt werden, die Eröffnungsphase der Geburt um bis zu zwei Stunden verkürzen kann.

Menstruationsbeschwerden, -unregelmäßigkeiten

Die normale Länge eines Zyklus bei der Frau sollte zwischen 21 und 35 Tagen betragen, im Schnitt sind das 28 Tage. Ein normaler Zyklusablauf besteht darin, dass in den Eierstöcken der Frau eine Eizelle heranreift, aus dem Eierstock in den Eileiter wandert, wo es von einer männlichen Spermienzelle befruchtet werden kann und dann in die Gebärmutter wandert. Die Schleimhaut der Gebärmutter bereitet sich jeden Monat aufs Neue darauf vor, eine befruchtete Eizelle aufzunehmen und zu versorgen. Wird die Eizelle jedoch nicht befruchtet, bildet sich die aufgebaute Schleimhaut der Gebärmutter zurück und es kommt zur Regelblutung. Beschwerden bzw. Unregelmäßigkeiten sind etwa eine zu schwache oder sehr starke Monatsblutung, ein über 35 Tage oder unter 21 Tage dauernder Zyklus.

- Welches Mittel hilft?
  Hauptmittel ist das **Innersekretorische Mittel** (JSO Bicomplex 7), das das komplette Hormonsystem und damit auch den weiblichen Zyklus harmonisiert. Es wird eine langfristige Behandlung über

vier bis sechs Monate empfohlen, die Dosierung sollte dann bei drei- bis viermal täglich ein bis zwei Tabletten liegen.

Treten im Rahmen der Monatsblutung heftige Unterleibskrämpfe auf, kann das **Krampfmittel** (JSO Bicomplex 5, siehe dazu auch Koliken auf Seite 91) mit dem Innersekretorischen Mittel kombiniert werden. Bei starken Schmerzen können alle zehn Minuten ein bis zwei Tabletten eingenommen werden, bis die Beschwerden nachlassen.

- Was Sie begleitend tun können:
  Bei starken Unterbauchbeschwerden während der Regelblutung hilft am besten Wärme, zum Beispiel in Form einer Wärmflasche, warmer Umschläge oder eines Heublumensacks. Die Wärme hilft den krampfenden Muskeln zu entspannen. Die gleiche Wirkung haben Sitzbäder mit Rosmarin, Melisse oder ein Moorbad.

Schwangerschaftsbeschwerden, -erbrechen

Eine Schwangerschaft ist zwar wahrlich keine Krankheit, aber ein gewaltiger Kraftakt für den Körper einer Frau. Schließlich stellt er sich von einem Moment auf den anderen darauf ein, das neue Leben in seinem Wachsen optimal zu fördern und zu schützen. Vor allem im ersten Drittel der Schwangerschaft leiden viele werdende Mütter an der Hormonumstellung ihres Körpers.

- Welches Mittel hilft?
  Das **Schwangerschaftsmittel** (JSO Bicomplex 22) unterstützt den Körper der schwangeren Frau dabei, das Baby im Bauch optimal zu versorgen und lindert typische Beschwerden Schwangerer wie Übelkeit oder Erbrechen. Zudem fördert es die Elastizität des Gewebes. Das Mittel kann die ganze Schwangerschaft über eingenommen werden, empfohlen wird eine Dosierung von dreimal täglich zwei Tabletten.

- Was Sie begleitend tun können:
  Gegen die morgendliche Übelkeit, mit der die meisten Frauen vor allem zu Beginn der Schwangerschaft zu kämpfen haben, hilft: bereits noch im Bett vor dem Aufstehen eine Kleinigkeit essen und trinken. Etwa Zwieback und einen ungesüßten Kräuter- oder Rooibusch-Tee, beides stellen Sie sich am besten schon am Vorabend neben dem Bett bereit.

Wechseljahrsbeschwerden

Als Wechseljahre (Klimakterium) wird jene Lebensphase einer Frau bezeichnet, die sich an die fruchtbare Zeit anschließt, in der also keine Eier mehr im Eierstock heranreifen und somit auch keine Monatsblutung mehr stattfindet. Beginn und Dauer der Wechseljahre sind individuell sehr verschieden. Typische Begleitbeschwerden sind Hitzewallungen, Schweißausbrüche, Schwindel, Herzklopfen, Schwächegefühle und eine erhöhte Reizbarkeit. Sie alle gründen in der immer geringer werdenden Produktion weiblicher Hormone.

- Welches Mittel hilft?
  Hauptmittel ist das **Innersekretorische Mittel** (JSO Bicomplex 7), das ausgleichend auf das Hormonsystem wirkt, welches sich ja in einer großen Umstellungsphase befindet. Es wird eine mehrmonatige Behandlung empfohlen mit einer Dosierung von drei- bis viermal täglich ein bis zwei Tabletten.

  In akuten Schüben ist vor allem wegen der Blut- und Hitzewallungen eventuell auch das **Fiebermittel** (JSO Bicomplex 6) einzusetzen. Im Akut-Stadium können alle zehn Minuten ein bis zwei Tabletten eingenommen werden, bis eine Besserung eintritt.

- Was Sie begleitend tun können:
  Gegen die Hitzewallungen und Schweißausbrüche helfen kühle Abwaschungen. In der Pflanzenheilkunde werden vor allem Traubensilberkerze und Mönchspfeffer eingesetzt.

Anhang

Literatur

Feichtinger, Thomas: Schüßler für Körper & Seele (2004), Haug Verlag, Stuttgart

Feichtinger, Thomas: Schüßler-Salze und Ernährung (2005), Haug Verlag, Stuttgart

Feichtinger, Thomas: Schüßler-Salze für Ihr Kind (2005), Haug Verlag, Stuttgart

Feichtinger, Thomas: Schüßler-Salze kurz & bündig (2007), Haug Verlag, Stuttgart

Feichtinger, Thomas: Das Schüßler-Buch der Lebenskunst (2007), Haug Verlag, Stuttgart

Hemm, W., Mair, S.: Die Komplex-Biochemie. Therapie mit kombinierten Mitteln auf der Grundlage der biochemischen Heilweise nach Dr. Schüßler (2006), Foitzick Verlag, Augsburg

Hemm, W., Mair, S.: Praktische Biochemie nach Dr. Schüßler. Alt bewährt – neu bearbeitet (2003), Foitzick Verlag, München

Lohmann, Maria: Hirt, Hans-Dieter: Schüßler-Salze für alle Fälle, Knaur, München 2005

Lohmann, Maria: Einstieg in die Naturheilpraxis, Urban & Fischer Verlag, 3. Auflage, München 2006

Niedan-Feichtinger, Susana: Schüßler-Beauty (2004), Haug Verlag, Stuttgart

Schüßler, W. H.: Eine abgekürzte Therapie (Nachdruck der 25. Aufl. von 1898, 2000), Weg zur Gesundheit Verlag, Dormagen

Wacker, Sabine: Basenfasten plus – mit Schüßler-Salzen sanft entsäuern (2004), Haug Verlag, Stuttgart

Wacker, Sabine: In Balance mit Schüßler-Salzen (2006), Haug Verlag, Stuttgart

Register

Bibliografische Information der Deutschen Nationalbibliothek
Die Deutsche Nationalbibliothek verzeichnet diese Publikation in der Deutschen Nationalbibliografie; detaillierte bibliografische Daten sind im Internet über http://dnb.d-nb.de abrufbar.

Programmplanung: Dr. Dierk Suhr

Redaktion: Susanne Richter

Bildredaktion: Christoph Frick

Umschlaggestaltung und Layout:
Cyclus · Visuelle Kommunikation, Stuttgart

Bildnachweis:
Umschlagfotos: Getty
Fotos im Innenteil: Thieme Archiv

Die abgebildeten Personen haben in keiner Weise etwas mit der Krankheit zu tun.

Oswald-Hesse-Str. 50, 70469 Stuttgart

Printed in Germany

Satz: Fotosatz H. Buck, Kumhausen
gesetzt in QuarkXPress 4.1
Druck: Westermann Druck Zwickau GmbH

Gedruckt auf chlorfrei gebleichtem Papier

ISBN 978-3-8304-2244-0 1 2 3 4 5 6

Wichtiger Hinweis:
Wie jede Wissenschaft ist die Medizin ständigen Entwicklungen unterworfen. Forschung und klinische Erfahrung erweitern unsere Erkenntnisse, insbesondere was Behandlung und medikamentöse Therapie anbelangt. Soweit in diesem Werk eine Dosierung oder eine Applikation erwähnt wird, darf der Leser zwar darauf vertrauen, dass Autoren und Verlag große Sorgfalt darauf verwandt haben, dass diese Angabe dem **Wissensstand bei Fertigstellung des Werkes** entspricht.
Für Angaben über Dosierungsanweisungen und Applikationsformen kann vom Verlag jedoch keine Gewähr übernommen werden. Jeder Benutzer ist angehalten, durch sorgfältige Prüfung der Beipackzettel der verwendeten Präparate und gegebenenfalls nach Konsultation eines Spezialisten festzustellen, ob die dort gegebene Empfehlung für Dosierungen oder die Beachtung von Kontraindikationen gegenüber der Angabe in diesem Buch abweicht. Ein solche Prüfung ist besonders wichtig bei selten verwendeten Präparaten oder solchen, die neu auf den Markt gebracht worden sind. **Jede Dosierung oder Applikation erfolgt auf eigene Gefahr des Benutzers.** Autoren und Verlag appellieren an jeden Benutzer, ihm etwa auffallende Ungenauigkeiten dem Verlag mitzuteilen.

Die Ratschläge und Empfehlungen dieses Buches wurden vom Autor und Verlag nach bestem Wissen und Gewissen erarbeitet und sorgfältig geprüft. Dennoch kann eine Garantie nicht übernommen werden. Eine Haftung des Autors, des Verlages oder seiner Beauftragten für Personen-, Sach- oder Vermögensschäden ist ausgeschlossen.

Geschützte Warennamen (Warenzeichen) werden **nicht** besonders kenntlich gemacht. Aus dem Fehlen eines solchen Hinweises kann also nicht geschlossen werden, dass es sich um einen freien Warennamen handelt.